包惠僧

方城 ——— 著

中共党史出版社

图书在版编目（CIP）数据

包惠僧 / 方城著 . -- 北京 ： 中共党史出版社，
2024.1

ISBN 978-7-5098-6455-5

Ⅰ．①包… Ⅱ．①方… Ⅲ．①包惠僧（1894-1979）
－传记 Ⅳ．① K827=7

中国国家版本馆 CIP 数据核字（2023）第 231096 号

书　　　名：包惠僧

作　　　者：方　城

出版发行：中共党史出版社

责任编辑：韩冬梅

社　　　址：北京市海淀区芙蓉里南街 6 号院 1 号楼　邮编：100080

网　　　址：www.dscbs.com

经　　　销：新华书店

印　　　刷：天津鑫旭阳印刷有限公司

开　　　本：710㎜×1000㎜　1/16

字　　　数：180 千字

印　　　张：13.5

版　　　次：2024 年 1 月第 1 版

印　　　次：2024 年 1 月第 1 次印刷

书　　　号：ISBN　978-7-5098-6455-5

定　　　价：56.00 元

此书如有印装质量问题，请联系中共党史出版社读者服务部　电话：010-83072535

目 录
C O N T E N T S

第一章

早　年

玉带河畔

包惠僧

大江东去，

浪淘尽，

千古风流人物。

故垒西边，

人道是，

三国周郎赤壁。

乱石穿空，

惊涛拍岸，

卷起千堆雪。

江山如画，

一时多少豪杰！

这是北宋大文学家苏轼《念奴娇·赤壁怀古》词的上阕。这首气势磅礴的《念奴娇》被后世尊为豪放词的典范之作。

这首词填于黄州。宋神宗元丰三年，也就是公元1080年，苏轼因"乌台诗案"谪贬黄州。1082年，家小俱来，生活困顿，苏轼设法要来位于黄州东坡的数十亩营防废地，于此筑一草庐，题名"东坡雪堂"，从此躬耕东坡，自号东坡居士。就在这一年，苏轼两次游览黄州城西的赤壁矶，填了这首词，还写了两篇《赤壁赋》。

于是，随着东坡学士辉耀千古的两赋一词，黄州——这座长江边上的古老小城遐迩闻名了。

黄州西距号称"九首通衢"的武汉三镇仅68公里，是黄冈县（现为黄冈市）治所在地。

黄冈县地处大别山南麓，地势由东北渐次向西南倾斜，形成低山、丘陵、平原的阶梯形地貌。明万历《黄冈县志》载："黄邑南介薮泽，有鱼稻之利，东凭高阜以利麻桑，西临平川以利棉花，俯拾仰取，喜喜自足。"

由于离武汉较近，黄冈县乃至以它为中心的鄂东地区，往往得风气之先，多豪杰之士，近代以降，尤其如此。这里有几个数字，可让人略见一斑：1907 年，中国同盟会会员不足 1000 人，其中湖北 103 人，而鄂东籍同盟会员就有 35 人，占全省三分之一以上；1911 年辛亥革命武昌起义的组织者和指挥者中，有 75 名是黄冈县人氏。

包惠僧就是黄冈县东乡包家畈人。

包家畈位于黄冈县的第二级台阶——丘陵地区，一条小河由北而南流贯其间，滋润着满畈稻田，春来一片葱绿，秋至万顷金黄。这条小河叫夏铺河。

或许因为夏铺河水一年四季碧青如玉吧，它还有一个很好听的名字——玉带河。玉带河将包家畈的稻田划为两片，也将包家畈的村舍分为两簇。东边的一簇，靠着狮子山，叫河东湾。西边的一簇，靠着鹬嘴山，叫河西湾。河西湾有一座土地庙——社庙，远近闻名，渐渐地，人们又把这里叫成了社庙湾。

包惠僧的家就在社庙湾。在他出生的时候，鹬嘴山上古木参天，社庙湾里只住着 7 户人家。包惠僧的家是一幢一进两栋的砖瓦平房，大小 10 间，中有天井，房侧屋后被 8 棵绿荫如盖的大樟树簇拥着。站在门口向东望去，掠过一片低矮的山丘，可见几座鹤立鸡群的山峰，那是白云山。

包惠僧的父亲叫包存嘉，字仁和，官名肇瀛。他本是上巴河包家岗包泽久的次子，后来过继社庙湾包泽义为嗣。包存嘉两个家的祖辈都是勤劳朴实的农民，唯独他做了几天九品小官——候补巡政司，无奈好景不长，很快就弃官归田。

包惠僧的母亲杨春侠是一位出身书香门第的贤淑女子，自幼读书习礼，

18 岁嫁来包家。她的娘家住溢流河鲍家店，离社庙湾 5 公里左右。

公元 1895 年 1 月 15 日，也就是清光绪二十年甲午腊月二十深夜，杨春侠一胎生下一儿一女。这儿子便是包惠僧。当时他不叫这个名字，据《包氏宗谱》记载，他派名复贵，学名道亨，号贵三，别号平侯，亦号悔生，原名德芬。至于"惠僧"这个名字的来历，据说是他与董必武初识之后，董必武给他写信，将"悔生"写成了"惠僧"，他就索性改成了"惠僧"。

包惠僧兄弟姐妹 8 人，他排行第三。在他出生的时候，父亲已弃官务农，靠着 20 多亩耕地，全家生活尚可小康。然而随着时间的推移，家中不断添人进口，负担日重，加上豪绅欺压，父亲屡涉讼案，家道渐至中落。

包惠僧后来在回忆自己的身世时写道："余在童年，即愤豪绅横暴，官府繁苛，故立志读书，期出人头地，以雪父耻（余父曾与豪绅涉讼狱，屡受屈辱）。余父以家贫令余废学，余反抗父命，故父子感情甚恶。"[1]

包存嘉不独不让包惠僧上学，也不让其他子女上学。这里，"家贫"固然是一个原因，恐怕主要原因还是他自身的心理障碍。包存嘉自己少年时是否上学读书，已无资料可考，但凭他后来曾任九品官这一史实推断，至少非目不识丁之辈。他当初求学之时，自然也是想出人头地，光宗耀祖，殊不知一登仕途，便遭坎坷，丢官归里之后，又似虎落平阳，屡遭欺凌。于是，按照一般的逻辑，他进行了这样的推理：肇祸是因为做官，做官是因为读书，读书自然是众祸之根、万恶之源了。非如此深恶痛绝，一位识文断字的父亲是断然不会一而再，再而三地阻止自己的儿子上学读书的。

包惠僧的母亲是主张儿子上学的。1900 年包惠僧 6 虚岁。这年夏天，父母亲为他上学的事发生了争吵。父亲盛气凌人，母亲据理力争，双方各不相让。看着父亲将要拳脚相向，包惠僧生怕母亲挨打，就与哥哥复霖一齐上前，抱住父亲的双腿。哪知父亲非但不偃旗息鼓，就此作罢，反而因

---

[1] 包惠僧：《思想总结》（第一部分），1950 年。

为他们的介入更加气愤。小惠僧忽地使尽浑身力气，照着父亲的大腿狠狠地连咬两口，只听得"啊"的一声，小惠僧被甩倒在地。

首次交锋的结果是母子获胜，父亲暂开禁令，允准儿子启蒙。母亲给惠僧取学名道亨，嘱陈家细湾的表侄陈桂芳带他到夏铺河陈氏私塾上学。塾师熊继昌为清国子监太学生，雅号花魁先生。一般学童启蒙读的《千字文》《百家姓》《三字经》，包惠僧都在家由母亲教过，熊先生开首便给他讲授《论语》中的《学而》。

3年以后，包惠僧转到瞒母山双塘邱介甫私塾。这时，他虽然只有9岁，却已经读过一些古典小说，知道不少古代名人了。他经常和同学们评论古人，其观点时有异人之处。别人都说岳飞精忠至孝，堪称楷模，他却说岳飞愚忠蠢孝，可惜可悲而不可钦。他最崇拜诸葛亮。一次，他和同学易惠年谈起"三国"。他说诸葛亮的空城计如何高明，易惠年却说诸葛亮不如司马懿。两人争得面红耳赤，各不相让，直至动手动脚，扭成一团。最后，包惠僧硬是一石头砸破了易惠年的头。

包惠僧上学以后，父亲并未转变态度，而是时刻耿耿于怀，这大概就是心理学所谓的"情感固执"吧。包惠僧年纪虽小，却知道好歹，你不喜欢我，我就不理睬你。父子相见，如同路人。

这年初夏的一天，刚下过一阵暴雨，包惠僧吃过早饭，背起书包上学去。走到玉带河边，正碰上父亲在那里捕鱼，他便倏地把脸一掉，绕道走了过去。这下可气坏了包存嘉。只见他把手里的钢叉猛地一掷，一个箭步跳上河堤，抓起儿子就往河水里按。正在这时，包惠僧的五叔包存乐下田走到这里。包存乐纵身跳进河里，一面抱住哥哥，一面大声呼救。湾里的人听到呼救声纷纷赶来，才避免了一场悲剧。

包惠僧的命虽保住了，学却上不成了。从此，他整日与水牛为伴。然而，他并没有忘记读书，即使在牛背上也手不释卷。

几个月过去了，包惠僧怎么也不甘心就此辍学。他找母亲，母亲要他去请表伯陈汝田来跟父亲说。

陈汝田在这一方颇有声望，人称"小孟尝君"。他与包存嘉是姑舅老表，两人自幼相交甚厚。带包惠僧入学启蒙的陈桂芳就是他的儿子。

陈汝田来到社庙湾。寒暄过后，陈汝田对包存嘉说："表弟，我是无事不登三宝殿。今日不为别的事，就问你为么子不让复贵读书？"

包存嘉沉思片刻，头一扬道："表哥，你问这个，我就跟你说了吧。我跟他是劈开了的竹子不相粘，干脆让他学种田算了。我只看见人家挑箩筐粜谷，还没有看见人家挑箩筐粜字！"

"你这是什么话？我是劝你让儿子读书求功名去做官，又不是叫他学做强盗去杀人放火！你说，这个儿子你要不要？你不要，我要！"陈汝田说罢把拐杖一跺，拉起包惠僧就走。

此后，陈汝田便把包惠僧送到溢流河鲍家店一位叫陈晓榛的老秀才办的学堂。这时，陈桂芳已经转到这所学堂。他们一起在这里度过了 3 年时光。包惠僧在这里读书和后来上黄州高等小学堂的费用，全部是陈汝田资助的。

初到黄州

自从苏东坡留下那著名的"二赋一词"以后，历代文人墨客便纷至沓来，直把个黄州城、黄冈县熏染得"郁郁乎文哉"。

文化的隆盛，势必促进教育的发达；教育的发达，势必造成人才的勃兴。据史料记载，仅有清一代，一个黄冈县就考取 105 名进士，还有一人考中顺治己丑状元。

清末，黄冈县尚有黄州府学、黄冈县学及府属、县属书院 10 所。"废科举，行新学"后，大部分书院改为学堂。而就在这些书院改制之前，黄州城南门外的陶家巷就办起了一所学堂——黄冈县高等小学堂。它创立于清光绪三十年，是黄冈县最早的官立新学堂。

4年以后，14岁的包惠僧参加了这所小学堂的入学考试。他被录取了，读乙种实业科。

不知是他这次考试名列前茅，还是他后来的成绩优异出众，他获得了"钦奖禀贡生"的殊誉。赢得这种殊誉的学生，在校的一切费用由官方负担。

包惠僧是与他的亲戚、同窗和好友陈桂芳一起前来应试的。这是他们第一次到黄州。

那是一个春和景明的日子，当他们拖着疲惫的身体走进这座古城的时候，两位新出乡关的村童一下子惊呆了。他们只到过上巴河。他们心目中的街市，就是上巴河那几家店房、那几组柜台，哪见过这般鳞次栉比的楼宇、琳琅满目的铺面！他们被裹进摩肩接踵的人流之中，恍如进了别一世界。

一切都是那么新鲜，一切都是那么令人振奋。上课，再不是诘屈聱牙的"诗云""子曰"，而是兴味盎然的国文、算学；假日，再不是放牛砍柴寻猪草，一身泥巴汗水，而是逛街郊游赏名胜，饱餐江山秀色。

包惠僧和他的同学们来到东坡赤壁。这时的赤壁矶下，已没有东坡笔底"惊涛拍岸，卷起千堆雪"的壮景，因为长江泥沙淤积，矶下已成一片滩地，只留得一壁印满江水冲刷痕迹的赭赤矶石。赤壁矶上，也不是北宋年间"次第压城首"的"临江三四楼"，而是清同治七年第四次重建的楼台亭阁，但仍不失为一处颇具宋代风韵的建筑群落。

进得大门，穿过月门，他们来到一座古砖铺地的宽阔庭院。院正首有一厅堂，正门上悬李鸿章手书"二赋堂"三字匾额。堂中立一顶梁立地巨型木壁，正面刻程之祯章草书《前赤壁赋》，背面刻李开侁魏碑书《后赤壁赋》。两幅木刻，字大如拳，各具风韵。前赋写秋，光风霁月，字字秋色，状赤壁之战，磅礴恢宏；后赋写冬，木枯石瘦，句句冬景，摹赤壁之夜，萧瑟凄清。包惠僧默念着两赋词句，忽然想起老师讲过的南宋人王炎的两句诗："东坡居士妙言语，赋到此翁无古人。"

出二赋堂，来到酹江亭。包惠僧知道这亭名是取东坡"一尊还酹江月"词意。酹江亭屹立赤壁矶头，给人以凌空欲飞之感。凭窗远眺，只见云天浩渺，烟波茫茫，包惠僧不禁脱口长吟："大江东去，浪淘尽，千古风流人物！"

在包惠僧他们的学堂附近，有一座直耸云表的七级八方古塔，人称青云塔，又名文峰塔、安国寺塔。此塔位于钵盂峰上，西南濒长江，东临泖湖，北对安国寺大殿，巍然屹立，煞是壮观。塔上第一级和第五级门楣分嵌"全楚文峰""笔补造化"石匾，进口石壁刻"青云直上"四个大字。塔顶西南斜伸朴树一株，形如伞盖，大旱不枯。包惠僧一有空暇，便与同学们来到塔下，从"青云直上"处拾级而起，登过 138 级台阶，到达顶层。此时走到西南窗前，长江便到了眼底。江南岸是古老的鄂城——三国时东吴孙权建都 8 年的武昌。与青云塔隔江相对的那一座楼宇，便是孙权当年的避暑宫。每当到达这"一览众山小"的崇高境界，包惠僧便觉得一股止不住的轩昂之气在胸中喷涌升腾。

新学新知的滋养，古代文化的熏陶，山川风物的浸润，使包惠僧迅速成长起来。一年春节回家，他在大门上贴了一副自撰的对联。上联："包家畈中才子国"，下联："玉带河边雅人乡"，横批："后来居上"。对于这副对联，当地一般文人学究虽然不齿于它溢出的狂气，却也叹服它透出的才气。

在黄州高等小学堂读书期间，有一件事给包惠僧留下了刻骨铭心的印象，以至几十年后他还记忆犹新。

一次，不知从哪里传来一首"禁诗"。包惠僧听说，这首诗是陈天华所作。诗是这样写的：

> 大地沉沦几百秋，
> 烽烟滚滚血横流。
> 伤心细数当时事，
> 同种何人雪耻仇？

包惠僧后来在追述这件事时说："这首诗如果为官府所得，必然构成文字之狱。在我们心里产生莫知其然和莫知其至而至的崇拜思想。"

　　包惠僧还崇拜黄兴。

　　在近处，包惠僧则崇拜4个人，这就是被时人誉为"黄冈四杰"的吴昆、刘子通、熊子真、李四光。

　　吴昆，字寿田，亦作寿天，别号吼生，堵城鄢家水口人。1905年即与人在黄州创设日新学社，在团风创办坪江阅报馆，宣传革命。后三次东渡日本，在东京参加孙中山主持召开的中国同盟会成立大会，被选为评议部评议员，兼《民报》干事。曾两次历险，均以其过人的机智勇谋化险为夷。

　　刘子通，原名子栋，又名通，路口刘树湾人。1905年赴日留学，首批加入同盟会。1908年毕业回国，就任成都铁道学院教习，成为学生运动领袖。后遭四川总督明令通缉，化装回鄂，寄居武昌，继续从事革命活动。刘子通后来参加了中国共产党。

　　熊子真，名继智、定中、升恒，后更名十力，家居上巴河熊坳张家湾，与包惠僧家相距甚近。熊子真15岁投武昌新军，靠自学贯通诸子百家。1906年，在武昌联合军学界有识之士成立黄冈军学界讲习社，加入日知会，后响应湖南萍醴暴动事败，讲习社被查封，回乡教书。20世纪20年代以后，从事哲学研究，创立"新唯识论"，成为新儒学代表人物之一，被英《大不列颠百科全书》称为"中国当代哲学之杰出人物"。

　　李四光，原名仲揆，回龙山镇香炉山人。15岁赴日留学，16岁加入同盟会，孙中山嘉其年轻有志，题以"努力向学，蔚为国用"相赠。1910年学成回国，就教于武昌中等工业学堂。次年应清廷留学生殿试，以成绩"最优等"授工科进士。回国后即联络日知会成员继续进行革命活动。李四光后来专攻地质，创立地质力学，被誉为"中国冰川之父"。根据他的地质力学理论，中国甩掉了"贫油"的帽子，结束了用"洋油"的时代。

　　1911年10月10日，辛亥革命武昌起义爆发。一个星期以后，黄州在湖北全省率先光复，延续两千多年的封建统治宣告终结。

"黄冈四杰"都参加了武昌起义。吴昆起义后任汉口军政分府秘书。刘子通起义后受鄂军政府之命回黄州招抚、组建鄂东军政支部，出任政务科长兼交际。熊子真先参加光复黄州活动，后赴武昌任湖北都督府参谋。李四光在鄂军政府成立后，被推为理财部参事，后任实业部长。

黄州光复，兵不血刃。10月18日清晨，当刘子通一行人弃船进城的时候，欢迎队伍中的包惠僧目睹了这些起义英雄们的风采。他手里拿着一面小旗，上写八个大字："光复汉室，还我河山！"

黄州光复以后，包惠僧第二次辍学了。然而，那欢迎起义英雄的一幕却深深地印在了他的心中。终于有一天，他也"起义"了。

那是第二年的重阳节，包氏族人都聚集在祠堂里祭祖。祭祀过后，祠堂正厅摆上了筵席。

这时，有人传令：非文人书生不得入席。

于是，豪绅们鱼贯而上，就座豪饮，穷人们肃立两旁，忍气吞声。

站在一旁的包惠僧直觉得胸中一团烈火直冲脑门。他几步冲向正端着酒杯的包家大湾房长包泽梦，厉声质问："他们都是包家的后代，为什么不能入席？要是祖宗九泉有知，一定怒发冲冠，杀尽你们这班豪绅！"

包泽梦猛然遭此一击，气得破口大骂："包复贵你这个癞痢头！你不撒泡尿照照，你自己是个什么东西！"

包惠僧哪里受得了这般污辱！说时迟，那时快，只见他从门旮旯儿抓过一条扁担就向包泽梦打来。包泽梦见势不好，正欲躲闪，背上早挨了几杖。包惠僧顺势一扫，神龛上的祖宗牌位落下地来，"啪"的一声跌成两半。这时，众人皆围拥过来，包惠僧左右开弓，杀出一条通道，直奔大门。

刚到门口，又被一人挡住去路。包惠僧正思如何脱身，旁边已闪出一壮汉将挡路者击倒，拖着包惠僧就往外跑。包惠僧这才看清是王家嘴族兄包复烟。包复烟把包惠僧带到王家嘴，交给弟媳熊氏，转身又到宋家嘴熊氏娘家搬救兵。

包泽梦虽只一介小小房长，却年长辈尊。他要族长包典成去抓包惠僧。包典成是个怕事之人，两方都不敢得罪，只好溜到宋家嘴躲了起来。

这下更加激怒了包家大湾的人。他们说："族长不管，我们管！抓住包复贵活埋了他！"他们真的挖了一个大坑，在里面装满了石灰。

他们赶到王家嘴，敲开熊氏的大门，要进屋搜查。

身怀重孕的熊氏当门一站，正气凛然："哪个看见包复贵躲在我房里？今日哪个敢进我的门，先把我的两个孩子领去养好，我姓熊的姑娘和他拼了！"

正在这时，宋家嘴的大批熊氏族人赶到。包家大湾的人看到不是对手，只好收兵回营。

包家大湾的人走后，熊氏叫出包惠僧，给了他三贯铜钱，要他赶快远走高飞。

包惠僧谢别这位侠肝义胆的大嫂，踏上了离乡背井的道路。

两进江城

包惠僧一路赶到黄州，然后乘船到了汉口。

"祸兮福所倚。"当时谁也没有想到，这场逼使包惠僧走出包家畈、走出黄冈县的弥天大祸，竟成为他人生道路上的一个重要转折。

跟第一次到黄州一样，当他走下轮船，踏上汉口码头的时候，着实吃惊不小。他想汉口肯定比黄州大，但没想到这么大。他伫立在熙熙攘攘的人流之中，仰望着江汉关上的大时钟，恍惚进入了梦境。

包惠僧过江到武昌。他早就知道，武昌有座黄鹤楼。他读过不少古人咏黄鹤楼的诗。

渡船还在江中，包惠僧便隐约看见对岸江边有一幢高大的楼房，从那重檐欲飞的轮廓看，是古建筑。有人告诉他，那就是黄鹤楼。

船到汉阳门码头靠岸，这楼简直已经到眼前了。包惠僧迫不及待地登上码头，径直朝古楼奔去。

他一口气登上最高层，武汉三镇尽收眼底。此时，他的心目中只有一个字——"大"。与青云塔上看到的黄州、鄂州比，眼下的武昌、汉口、汉阳才真正算大！

经人指点，包惠僧知道了这脚下是蛇山，江对岸是龟山，龟山下有晴川阁，大江边是鹦鹉洲。他不禁吟诵起崔颢的《黄鹤楼》来：

> 昔人已乘黄鹤去，
> 此地空余黄鹤楼。
> 黄鹤一去不复返，
> 白云千载空悠悠。
> 晴川历历汉阳树，
> 芳草萋萋鹦鹉洲。
> 日暮乡关何处是？
> 烟波江上使人愁。

一股苍凉掠过包惠僧的心头。"日暮乡关何处是？烟波江上使人愁。"他似乎突然领略到了这首诗的深沉意境。

走下楼来，包惠僧回首一望，只见楼门匾额上写着"奥略楼"三个大字，不觉纳起闷来。分明是黄鹤楼，怎么变成了奥略楼呢？后来他才知道，这本不是黄鹤楼。那素有"天下绝景"之称的黄鹤楼自三国始建以来，屡毁屡建，最后于清光绪十年（公元 1884 年）毁于大火。这座奥略楼是湖北人为纪念离任湖广总督张之洞修的。黄鹤楼毁坏以后，这块地方仍叫黄鹤楼，后来奥略楼建在这里，人们就把它当成了黄鹤楼。

对武昌，包惠僧有一种新鲜感，更有一种崇敬感。一年前，辛亥首义的英雄们在这里敲响了清王朝的丧钟，成就了惊天动地的伟业。包惠僧来到打响起义第一枪的楚望台下，来到被誉为"首义胜利的开端"的起义门旁，来到设于阅马场红楼的鄂军都督府前……

然而此时，辛亥革命的胜利果实已经被袁世凯篡夺，中国虽然换上了民国的招牌，但仍然在帝国主义及其走狗北洋军阀统治下沿着半殖民地半封建的老路沉沦。在湖北，黎元洪公开倒向了袁世凯，革命党人正遭到肆意的排挤和打击。

包惠僧在大街上茫然地走着。他不知道要到哪里去。他在寻找自己的归宿，可偌大一个城市，竟没有他落脚的地方。

这一天，包惠僧沿着长街由西向东，走过司门口，来到雄楚楼下。这雄楚楼始建于明万历初年，后两次毁于兵燹，眼前的建筑为清光绪年间重修。此楼原为抚院接待宾客之处，后几经变迁，成为民居。辛亥武昌起义前，革命团体共进会领导人刘公来汉，便住雄楚楼 10 号，故此楼一度成为革命机关，与起义相关的一些活动多在此进行。

包惠僧信步走进楼上一座茶馆。他根本无心品茶，只是想消磨时光。

谁知刚一进门，包惠僧就听见有人在说熊子真、李四光的事。他忙凑到近前，想听个究竟。

说话的是一位颇具学者风度的老人。他正在讲"黄冈四杰"武昌起义后的一桩逸事。

去冬的一天，熊子真、刘子通、吴昆、李四光来到雄楚楼，就在这茶馆里聚会，相约各书一纸以遣其怀。

吴昆写的是李白的一首诗："问余何意栖碧山，笑而不答心自闲。桃花流水窅然去，别有天地非人间。"

刘子通写的是两句话："持而不有，为而不恃，成功弗居。若有心，若无心，飘飘然飞过数十寒暑。"

李四光只写下"雄视三楚"4个字，可谓言简意赅，气势非凡。

熊子真写了8个字——"天上地下，唯我独尊"，更是掷地有声，气冲斗牛。

"好！男子汉大丈夫就该有气吞日月的豪情！"包惠僧听到这里，不禁叫出声来。

那老人正讲得起劲，忽听得这一声赞叹，便按下话头，寻声望去，见说话的是一位少年，心想这后生似非等闲之辈，于是起身向包惠僧走来。

老人赞扬了包惠僧几句，便问起他的情况。

包惠僧把自己如何在黄州高等小学堂肄业回乡，如何在重九节怒杖房长被迫出逃，如何流落武昌求学无门，一一告诉了老人。

"如此说来，你是想读书。我介绍你去报考一师，怎么样？"

一师就是湖北省立第一师范学校，不仅是名牌，而且是公费。包惠僧喜出望外，连声称"好"。

老人请茶馆老板拿来纸笔，写了一封信，交给包惠僧："你拿着这封信，直接找刘文清校长。"

包惠僧接过信，只见落款处写着"姚晋圻"三个字。这名字好熟。对，他听人说过，现在的省教育司长就叫姚晋圻。难道他就是……

包惠僧正想问，老人已经起身向门外走去，他要给包惠僧指点到一师的路径。

包惠僧的判断没有错。这位老人是湖北罗田人氏，曾任前清翰林院编修，参加过康有为、梁启超领导的戊戌变法。变法失败后，辞官归里，专事著书主说。1903年，应聘在武昌两湖书院任教。民国建立后，任湖北省教育司司长。

一师也在这条街上。包惠僧过了司门口，往西再走一段，便看见了右首一座拱形门楼上挂着的"湖北省立第一师范学校"招牌。

一师校园是姚晋圻曾经任教的两湖书院旧址。1890年（光绪十六年），湖广总督张之洞在这里主持兴建了这座当时名气最大的书院。书院斋舍环都司湖而建：南斋 10 栋 100 间，以子、丑、寅、卯等为名序；北斋 10 栋 100 间，以甲、乙、丙、丁等为名序；西斋 2 栋 40 间，则以戌、亥名之。院内还有"正学"（即讲堂），楚学祠、南北书库等建筑。

包惠僧走进校门，不禁暗暗叫绝："好大一个去处！"

他看到了张之洞撰书的两副对联。一副是："宋学积分三舍法，楚材淹贯九丘书。"一副是："志在春秋，行在孝经，此为鹄臣鹄子；虽有文事，必有武备，法我先圣先师。"

然而此时，包惠僧却无心观赏这美丽的校园风景，他首要的事是找到刘校长。

有人告诉他，刘校长在"正学"讲课。包惠僧在那里找到了刘文清。

不久，包惠僧参加了入学国文考试。初试题："时有今古，文非有今古。"复试题："文言文，语体文，究孰适于应用？"

据说，一师的入学考试，国文是最难过的一关。每年 2000 多人应试，只录取 50 名，落榜者大多跌在国文上。

包惠僧的国文试卷却得到了刘文清的好评。一师分文科、实科，学制 5 年。包惠僧被录取在文科。因为膳宿、书籍、制服均系官费供给，包惠僧过了 5 年安定的读书生活。

这 5 年的具体情况已无从考证，现在知道的只有他自己后来对这一段经历的总体评估：

"1912 年考入湖北省立第一师范。该校校长刘文清先生为吾鄂名经师，学宗陆、王，以知行合一学说立己教人。余对国学略有根底，得力于刘氏者居多。余在校好多事，常纠合同学，干涉校务，为刘所不喜。但余求学、处世、做人、做事等在思想上受到刘氏之影响甚大。"[1]

看来，包惠僧是一名成绩不错的学生，也是一名不大安分的学生。

---

[1] 包惠僧：《思想总结》（第一部分），1950 年。

包惠僧进入一师以后，两年没有回家。这一来是为避重九之祸，不能回家；二来也因"父子感情甚恶"，不想回家。但人非草木，孰能无情？包惠僧对家人，特别是对母亲，还是非常想念的。

这天是 1914 年农历腊月初四，包惠僧正在宿舍，一位同班的同乡同学带着他的五叔包存乐走了进来。五叔带给他一悲一喜两个消息，要他马上回家。

悲的是，昨天他的长兄复霖病逝。

喜的是，父母已为他说好一门亲事，定于明年正月初十结婚。

这可有点叫包惠僧左右为难：回去吧，马上要期末考试；不回去吧，这可都是推不脱的大事。

他把这事报告学监张国恩老师。张老师准了他的假，要他赶快回去办事，春季开学后再补考。

包惠僧和五叔即刻动身，第二天半夜过赶到了家。母亲听到惠僧叫门，翻身下了床，连鞋也忘了穿。母亲抱着儿子嚎啕痛哭，弟妹们也都哭了起来。包惠僧鼻子一酸，也落下泪来。他忽然看见母亲光着双脚，连忙把她扶上床沿坐下，叫五弟复元端来烘炉让母亲烤脚。

包惠僧帮助办完了长兄的丧事，便开始忙起自己的婚事来。其实，他对这桩婚事并没有多大兴趣，只不过应父母之命而已。

春节一过，很快到了正月初十。在热闹的鼓乐声中，新娘迎进了门。直到进入洞房，揭开盖头，包惠僧才第一次看见妻子的面容。她叫丁雪姣，娘家离社庙湾不远。

婚后第 28 天，包惠僧回到了学校。

1917 年夏，包惠僧在一师毕业。按规定，成绩好、人缘好的毕业生可以留在一师附属小学教书。包惠僧成绩虽很好，人缘却很差，所以不能留校。为工作的事，他钻了不少冷窟窿，坐了不少冷板凳，没有办法，只得去找刘校长。最后，他被勉强留在附小担任书记，但工资只支书记的半薪，每月十几元，另外每周兼 4 小时的课。

包惠僧忍气吞声干了一个学期。寒假回到家里，托人在上巴河小学找了一份工作。1918 年春节过后，包惠僧便来到上巴河任教。

上巴河位于巴河之滨，是黄冈东部的一个集镇。巴河上来来往往的木船、竹排常在这里停靠，给这个本不算繁华的小镇平添了几份热闹。这里坎坷不平的丁字街，这里古朴典雅的万年台，这里的每一栋房屋，这里的每一间铺面，包惠僧都是那么熟悉，只是此时再也找不到儿时的那种感觉了。

上巴河小学的校门前，有一座麒麟阁。包惠僧听老人们说，元朝末年，上巴河有两个武艺高强又爱打抱不平的人，一个叫王细老八，一个叫叶细搭。他们跟乡亲们一样，都痛恨驻在这里的蒙古人欺压汉族人，便号召乡亲们一起动手，正月十五杀"鞑子"。当时，大家都把蒙古人叫"鞑子"。就在这麒麟阁上，一次杀了 18 个"鞑子"。

包惠僧把学生们带到麒麟阁上，给他们讲这个故事。学生们听得入了迷。

包惠僧还编一些歌谣教学生念。学生们觉得有意思，走到哪儿念到哪儿。有一首是这样的：

> 走一步，又一步，
> 各人各走各的路。
> 县长走一步，
> 家里做栋屋。
> 区长走一步，
> 家里多匹布。
> 乡长走一步，
> 太太多条裤。
> 百姓走一步，
> 泪水洒满路。

上巴河小学的校务被当地的豪绅把持着。对他们的恶行劣迹，包惠僧早已忍无可忍了。这天，包惠僧参加学校的会议，竟拍案而起，指着鼻子痛骂了这些豪绅一顿。

这下可捅了马蜂窝。这班豪绅竟兴师动众，诬告包惠僧造反，要同他打架打官司。

包惠僧被迫离校。这时，他来这所小学刚刚 50 天。

包惠僧回到家里不久，又闯下大祸。

那天，包氏宗族的头面人物在祠堂商议修家谱的事，包惠僧又"痛骂了那一般（班）吃祖的光棍"①，结果被这些人联合起来告了他一状。

走投无路，包惠僧只得再次逃到武昌。

---

① 包惠僧：《思想总结》（第一部分），1950 年。

第二章
CHAPTER TWO

求　索

从大关帝庙到龙王庙

问君能有几多愁？
恰似一江春水向东流。

包惠僧木然伫立江边，望着浩荡澎湃的江水，忽然想起李后主的名句。

李后主是亡国之痛，包惠僧是失业之苦，两者却是一样的愁——像一江春水那样斩不断、流不尽的愁！

包惠僧到武昌以后，为工作的事去找了几次老师。他明明知道这些老师不会同情他，可他在武昌无亲无故，不得不去找他们。遭了几次冷眼以后，他气极了，发誓宁可饿死，再也不去找他们了。可是祸不单行，他又在客栈里害起病来。穷病交加，他直感到天地之大，已没有自己的立足之地，想下乡种田，无田可种，想披发入山，无山可入。他对同学说："水浒上的林冲还有梁山可投，我到哪里去呢？"

于是，他想到自杀。他几次来到江边，但每次都像今天一样，一望见这奔腾不息的江水，生的企求又战胜了死的欲念。

包惠僧回到建兴街大关帝庙 12 号金家客栈。这个位于蛇山脚下的客栈是武昌价格最便宜、也是条件最差的旅馆。前门有便池，后门有粪坑，中间一个大天井，终年污水盈寸，臭不可闻。包惠僧住的房间就在天井旁边，每到黄昏，蚊虫撞破脸，一到天明，又是苍蝇满屋飞，铺板上有臭虫，窗檐上有蜘蛛，阴湿的地上有跳蚤，有时还会爬进来一条毒蛇或蜈蚣。

这里住客很多，大多数是省立法政专门学校的学生和一些毕了业就失业的青年，还有少数打官司的乡下人。这些人一样出房租膳费，待遇却不一样。老板对那些有钱有势的纨绔子弟待若上宾，对那些不能按月付膳食费的穷学生却冷若冰霜，甚至指名叫骂，驱逐出门。包惠僧可以按月交费，还没有受到老板的正面奚落，但他看不惯这等趋富压贫的劣行，因此同老板发生过几次争吵，还同那些纨绔子弟打过架。

也是天不生绝人之路，就在包惠僧上天无路入地无门的时候，他在旅馆遇上了一位新闻记者。这记者吹嘘的一套搞新闻的混世法宝，使包惠僧茅塞顿开。他开始给《大汉报》和《汉口新闻报》投起稿来。

半个月后，包惠僧得到了这两家报馆的特约外勤记者证。这种外勤记者只有稿费，没有工资，所投稿件的采用率自然比一般通讯员高。

有了这点经济收入，包惠僧又报考了省立法政专门学校，一面工作采写新闻，一面读书学习法律。

1919 年春，包惠僧来到北京，在北京大学中国文学系旁听，仍担任着《大汉报》《汉口新闻报》的外勤记者。这时，北京爆发了五四运动，并且很快发展到全国。不久，包惠僧回到武汉。后来他说的"五四运动起，余以新闻记者及学生身份参加武汉及北京学生运动"，指的就是这段经历。他还说，他"对当时文学革命亦颇感兴趣"[1]。

包惠僧回武汉后，仍然住在金家客栈。这天晚上，他又同老板吵了一架。他想，这里住不下去了，得想法迁居。写完当天的稿件，已是转钟一点，他疲乏极了，可是蚊子、臭虫不停地叮咬，加上心里烦躁不安，怎么也睡不着。

他悄悄拿了一条床单跑到蛇山顶上，心想这里或许没有蚊子、臭虫。他在一块草地上铺好床单躺下，殊不知刚要入睡，脖子上就被蚊子咬了一口。紧接着，便飞来一大群蚊子将他团团围住。他再也无法入睡，索性站了起来。

---

[1] 《包惠僧自传》，1949 年，存中共中央统战部。

他在山顶上一边踱步，一边极目四望，武汉三镇的夜景，历历如画：北边，是汉阳兵工厂炉火的红光；西边，是武昌纱布丝麻四局和第一纱厂缭绕的烟云；东边，京汉铁路和粤汉铁路隔江相望；南边，珞珈山与小洪山双峰并立。那江上的清风、山间的白云，一下子把他身上的疲乏、心中的烦恼洗尽了。他来这里六七年，总以为武汉是罪恶的渊薮，是一个堕落腐化、龌龊不堪的城市，今夜竟突然发现它是这样美丽。他想，那些坏东西是人为的，如果有一个好的政府，有一种清明的政治，有一个好的市政建设计划，武汉三镇市民是会有幸福生活的。想到这里，他兴奋起来，睡意全然消失，便收拾床单，走下山来。

这时，报晓的雄鸡争相啼鸣，东方露出了鱼肚白。包惠僧走过龙王庙，忽然被眼前的情景惊住了。这是一座废弃的破庙，以往污秽遍地，杂草丛生，成了乞丐们的栖身之所，今天怎么变得这样整洁了？他走近虚掩的庙门，左上方竟挂着一块"启明化学工业社"的招牌。他走进门去，见左廊下睡着两个人，细一看，居然是他在法政学校的同班同学阎八士和陈治安。

阎八士和陈治安告诉包惠僧，他们毕业后找不到工作，就向亲戚朋友借了点钱，买了两套做粉笔的模型做粉笔卖，没想到正赶上抵制仇货、提倡国货的爱国运动，销路很好，两三个月时间，除了吃喝成本，还赚了200多块钱。他们准备大干一场，想要包惠僧和他们一起干。

包惠僧说："我也是一个迷途的羔羊，想奔赴光明，但不知哪里有光明。我当新闻记者也是为了生活，同你们做粉笔卖是一样的。国家不管我们，社会不管我们，我们为了活下去只好自己干起来。你们干吧，我对做生意不感兴趣。我给你们当股东没有钱；当学徒吧，那是80岁学吹鼓手，一世无成。"

包惠僧越说越激动："我对于这个世界气闷极了，我真想找一个终南捷径，来一个一拳打碎黄鹤楼，两足踢翻鹦鹉洲，像孙悟空大闹天宫那样来把世界改变一下，越快越好！我没有像你们那样的耐心，像苦行僧似的，搞这样的行业。人生几何，到什么时候才能看到一个清平世界啊！"

阎八士问道："你的终南捷径是什么呢？"

"揭发社会的黑暗！"

"你的武器呢？"

"一支铁笔！"

阎八士有些不以为然："一个人一支笔能起多大作用呢？"

包惠僧却满怀信心："这就事在人为了。总之，这个社会不改变是不行的。"

临走的时候，包惠僧突然觉得这破庙比那破客栈强多了，何不也搬到这儿来住呢？他说出了自己的想法，受到了两位同学的欢迎。

他马上赶回客栈结了账，把行李网篮搬到龙王庙，在一块破门板上铺好床单，美美地睡了三个小时。

从此，包惠僧就与这两位同学住在一起，一天两餐饭，每餐一菜一汤，虽然差不多都是素食，却也吃得很舒服。做饭的事两位同学全包了，包惠僧不会做，也没有时间做。他白天要到处采访，晚上回来还要写稿。

包惠僧有两家报馆的特约记者证，采访时可以通行无阻。他采访报道的重点有三个：一是采访各界联合会，报道抵制仇货运动的动态；二是采访湖北教育界，报道各学校贪污腐化之类的黑幕；三是采访鄂西的几名省议员，报道鄂西军政府的情况。鄂西军政府是蔡济民等人创建的一个反对北洋军阀政府的武装组织。这些新闻合乎时代潮流，可以刺伤日本帝国主义、卖国政府和军阀、学阀，因此很有市场。

一天，包惠僧来到省议会，采访省议会秘书长蔡养朴。蔡养朴原是一师教员，给包惠僧教过几何、代数，包惠僧经常来这里采访。他不大喜欢包惠僧，但又不便拒绝，因为作为秘书长，他有责任接见记者，发布新闻。

蔡养朴把省议会的两个无关紧要的议案交给包惠僧，叫他作为新闻发布，然后一本正经地对包惠僧说：

"你是我的学生，我不能不对你说直话。一个读书人去当新闻记者就是末路。这种行业不仅辛苦，而且危险。一句话或是一件事到了你们的口头笔下，都变成了嬉笑怒骂，总要刺激一些人，甚至骂得不成话，那谁还敢同你说实话，又有谁敢同你做朋友呢？截至现在就有不少的人怕你，把你的名字同'报痞子'联在一起，我听着很为你难过。我劝你不要搞这一套，去找一个正当的职业。"

包惠僧无端受到这顿没头没脑的教训，心里颇不是滋味，又见蔡养朴说完之后就只顾吸他的水烟袋，再不看自己一眼，更是气上心来。但他仍然强压住冲动的情绪，讲述了自己毕业以来的坎坷经历。

包惠僧说得几乎流出泪来，蔡养朴仍然无动于衷。包惠僧接着说："这一年多来，我辛勤地采访，努力地写作，不造谣言，不说谎话，对政治的腐败、社会的黑暗、好人坏人，如实地报道出来，可以说问心无愧。至于刺激人不刺激人、骂人不骂人的问题，我就没有去考虑。您对我的关怀，我很感激。不过，天地间的事，正当不正当是人为的。如果一个坏人做了所谓正当的职业，那个职业就变成了作恶的工具。新闻记者在封建军阀统治的中国是不值一个大钱的。如果在一个民主国家，新闻记者倒是受到国家法律保障、社会尊重的。我倒不一定要干这种行业，因为要活下去，恐怕只有这种行业好干，因为这是凭自己的劳动来生活，既不求人，又心安理得。"

包惠僧说到这里，蔡养朴脸上已露出极不愉快的表情。他把手上的水烟袋重重地往桌上一掷，一句话不说，走进内室去了。这是逐客出门的表示，包惠僧只好站起身来，不辞而去。

过了大约一个星期，龙王庙来了两名警察，他们先调查了包惠僧的情况，然后又检查了他的行李网篮。两个同学害怕了，要包惠僧搬家。

这时，报馆里一个同包惠僧比较接近的编辑告诉他，省警察厅已通函各报取缔"雷""鸣"（包惠僧笔名）记者的稿件，劝他暂停写稿，或者改个笔名，看看风色。

包惠僧想："我既没有做贼，又没有造反，为什么要那样怕人呢？"可是又一想，自己不写稿就不能生活，写了人家不用也是枉然，只得又换了两个笔名。

为了不让龙王庙的两位同学为难，包惠僧又搬回了大关帝庙 12 号。

两次不寻常的采访

转眼到了冬天。

武汉的夏天是"火炉"，冬天可就变成了"冰窟"。

连日来雨雪连绵，天寒地冻。包惠僧住的那家破客栈，房间是纸糊的，到处是洞，寒风刺骨。

这时，包惠僧的同乡陈潭秋也住进了这家客栈。

陈潭秋是黄冈县陈策楼人，夏季刚从武昌高等师范学校英语部毕业。五四运动时，他是学校里的学生领袖，曾随武汉学生参观团到上海、南京等地参观学习。在上海，他结识了刚刚接受马克思主义的湖北同乡董必武，阅读了一些马克思主义书刊。他们商定回湖北后"办报纸，办学校，鼓吹革命，教育青年"[①]，做唤醒民众的工作。回武汉后，陈潭秋也当上了《大汉报》和《汉口新闻报》的记者，同时与董必武一道筹办报纸，创办学校。

包惠僧与陈潭秋朝夕相处。有时陈潭秋还帮包惠僧采访、写稿。晚上要是没事就聊天，冷得受不了了，就烧报馆赠送的报纸取暖。或许因为还不太了解，陈潭秋似乎没有对包惠僧提过他与董必武一块儿干的事。

入冬以后，包惠僧原来采访报道的几个重点都发生了变化：抵制仇货

---

① 《董老的嘱咐》，《中国青年报》1956 年 9 月 15 日。

运动已到尾声，可报道的消息极少；有关湖北教育界黑幕的报道，不知什么原因，报馆一概不采用；报道鄂西军政府活动的稿件，也因为到了冬防期间，报馆几乎不要了。

包惠僧想到外地弄点新闻。1920年元旦前夕，他来到了北京。半年前他离开这里的时候，正是绿肥红瘦的初夏，现在已是冰天雪地的严冬了。他无心欣赏那"千树万树梨花开"的美景，整日里在大街小巷奔忙。

一天，包惠僧听说天津的学生正在罢课闹学潮，便立即乘火车赶到天津。这天是元月29日，天津学生队伍涌到金汤桥畔，包围了省公署。包惠僧赶到现场，采访了他们的领袖周恩来。没有更多的材料描述这次采访的详细情况，但凭包惠僧几十年后还对这件事念念不忘，便可想见周恩来给他的第一印象是何等深刻。

2月5日，当包惠僧乘坐南下的列车赶回武汉的时候，他又得到了一个消息：被誉为新文化运动"三圣"之一的《新青年》杂志主编、北京大学教授陈独秀到武汉讲学来了。陈独秀是包惠僧仰慕已久的名人。他在北京大学中国文学系旁听的时候，陈独秀是文科学长。他钦佩陈独秀的学识、风度，尤其赞赏陈独秀关于文学革命的主张。这时的陈独秀已经接受马克思主义，开始尝试马克思主义与工人运动的结合。包惠僧决定马上去采访陈独秀。

陈独秀是包惠僧回汉的前一天乘"大通"轮抵达汉口的。这天是古历腊月十五，天下着大雪，文华大学协进会和武汉学生联合会的代表从武昌渡江到汉口码头迎接。

陈独秀这次来汉是应文华大学毕业生的邀请，参加他们的毕业典礼。文华大学开始邀请的是胡适，胡适要在北京陪同美国学者杜威讲演，便转荐了陈独秀。陈独秀因事先到上海，然后从上海赶到武汉。

陈独秀住在文华大学。第二天出席文华大学协进会举行的欢迎会，即席演说《社会改造的方法与信仰》。第三天出席毕业典礼，作《知识教育与情感教育问题》的演讲。

包惠僧以记者身份专程到文华大学采访陈独秀。

包惠僧是以崇敬的心情去见这位著名教授的。他告诉陈独秀，他是湖北省立第一师范学校毕业的，毕业后找不到工作才当了记者。

陈独秀说，当记者也好，能为社会服务。

接着，他们谈到了五四运动，回忆起当时火烧赵家楼的情景。后来，又谈到反封建。包惠僧因为平时许多女学生同他谈论婚姻自由，他便提出这个问题请教陈独秀。

包惠僧知道陈独秀是汉学专家，这方面的学问不在章太炎之下，就又向陈独秀请教学汉学的门路。

陈独秀对这位昔日的学生是有求必应。他不但告诉他读书的方法，还给他讲了些做人做事的道理。

一个小时过去了，包惠僧不好过多耽误老师的时间，起身告辞。

包惠僧说："今天见到先生，不知以后什么时候能再见面？"

陈独秀说："以后还有再见面的机会。"

2月7日上午，陈独秀在武昌高等师范学校演讲《新教育之精神》。8日下午，又在堤口下段保安会举行的欢迎大会上即席演说。

陈独秀这些宣传新思想的演说，受到武汉广大群众特别是青年学生的热烈欢迎，却引起了湖北反动当局的极大惊骇。他们竟然蛮横下令要陈独秀停止讲演，迅速离开武汉。

8日晚，陈独秀怀着对湖北当局压迫言论自由的满腔义愤，登上了北上的列车。

在陈独秀临行的时候，包惠僧又一次去看望了他。

包惠僧在那里见到了一位文华大学的校工，他叫郑凯卿，是学校安排专门服侍陈独秀的。陈独秀告诉包惠僧，他已委托郑凯卿调查一下武汉地区的工人情况，想请包惠僧协助一下。包惠僧答应一定全力以赴。

握别时，陈独秀关照包惠僧，不要写文章向外发表他们的谈话。

所以，包惠僧没有留下报道这两次采访的文稿。

对于包惠僧来说，这是两次不寻常的采访——这是他以后才认识到的。

包惠僧细读了《国民新报》刊登的陈独秀的每篇讲演词，对《社会改造的方法与信仰》尤其感兴趣。在这篇讲演词里，陈独秀提出了消灭私有制的主张。

陈独秀说实行社会改造应该采取这样的方法："（一）打破阶级的制度，实行平民社会主义，人人要有虚荣心；（二）打破继承的制度，实行共同劳动工作，不使无产的苦、有产的安享；（三）打破遗产的制度，不使田地归私人传留享有，应归为社会的共产，不种田地的人，不应该享有田地的权利。"

陈独秀讲到了信仰问题："（一）平等的信仰；（二）劳动的信仰。人人应该受教育，应该常劳动，心里总有平等的劳动与劳动的革命。"

在讲到用什么根本办法去改造社会时，陈独秀说现在还不到"流血"革命的时候，"不过心理上总要有研究革命的方法和信仰"，"到了那个可以革命的时机，我们就非要与那恶魔奋斗不可"[1]。

何等痛快淋漓啊！包惠僧全身的热血都沸腾起来。可是，一回到那个肮脏寒冷的破客栈，他又像掉进冰窟一样，透心凉了。

旧历年关快到，客栈的客人都回家过年去了。陈潭秋约包惠僧回家过年。包惠僧本不想回家，可各报馆年关一律放假 5 天，在这客栈里又实在住不下去，只好同陈潭秋一起回到了故乡。

包惠僧到家那天已是腊月二十九，可讨债的人还是川流不息。母亲看见儿子回来，倒是欢天喜地。父亲却是气愤不平。他把一家穷困的责任都推到包惠僧头上，说他不成器，连累父母弟妹受苦，每天都要骂他几顿。

---

[1] 《国民新报》1920 年 2 月 7 日。

包惠僧感到精神上的痛苦与在武汉没有两样。他翻开《红楼梦》,一首《葬花吟》映入他的眼帘:

> ……
>
> 一年三百六十日,
> 风刀霜剑严相逼;
> 明媚鲜妍能几时,
> 一朝漂泊难寻觅。
>
> ……

包惠僧默念着这摧人心肺的诗句,直感到要流出泪来。

他真想立即杀出重围,冲出罗网,找到一个自由的天地、光明的世界!可是,路在哪里呢?

利群书社印象

春节一过,乡村里就要开始忙春耕了。包惠僧感到那个破落的家没有自己的容身之地,只好再回到武汉。

到了武昌,他先到几家报馆和几位师友家里走动了一下,然后借了一点债,当了一件旧棉袄,暂时安排了一下生活,又开始重操旧业。

然而,报馆的用稿状况仍然没有转机。他那点当棉袄和借来的钱很快就花光了。

就在这时,有人来找他,要他到江汉通讯社当编辑。

也是饥不择食,包惠僧答应了。

江汉通讯社是包惠僧同乡的一个小政客在几个省议员的支持下办起来的,设在汉口江汉路附近的一个里弄里。

在发稿以前，这个通讯社曾煞有介事地做过几个广告，其实里面除了一个社长、一个厨师兼通讯员还兼邮印工人之外，就包惠僧一个编辑，采访、写稿、编稿全靠他一个人。那个社长什么事也不干，租了一辆很漂亮的包车，每天晚上同一些官僚政客在妓院里鬼混。

干了一个星期，包惠僧才摸到一点底细。原来支持这个通讯社的省议员都是湖北督军王占元的走狗，他们是省议会里最反动的一群。省议会即将改选，这个通讯社就是他们竞选的工具。

包惠僧想：如果这样和他们同流合污搞下去，岂不变成了军阀官僚政客的走狗？

他正式向社长提出辞职。社长先是甜言蜜语挽留，后是借故拖延。包惠僧与他吵了好几次，他才松口放包惠僧走。

包惠僧刚刚辞掉江汉通讯社的工作，又一个大江通讯社找上门来。

来找的是一个同学。这个同学也好久没有职业，可最近突然在日本租界租了一栋房子，挂出了一块"大江通讯社筹备处"的牌子。

包惠僧颇觉奇怪。这个同学坦白地说，他有个亲戚是国会议员，准备下届竞选，想搞个通讯社，请他帮忙，现在正在筹备，到处拉人，他想拉包惠僧入伙。

包惠僧给他讲了自己在江汉通讯社的事，说不愿当军阀官僚政客的走狗。

这个同学说，据他所知，这些人不拥护王占元，只是主张鄂人治鄂，他们将在省议会发起这种活动，在不反对王占元当督军的前提下推一个湖北人当省长，他们的活动与王占元没有直接关系。

包惠僧说，那就是王占元的参谋长、现任湖北省长何佩瑢搞的。

这个同学说他也不完全清楚，恐怕有点关系吧。

包惠僧没有答应入伙，却答应可以帮他的忙，作点义务宣传，但要他提供有关情况。

包惠僧又回到大关帝庙 12 号，干起了原来的事。

这时，包惠僧从报纸上看到，江浙各省都发起了公民监督选举的活动，沿长江的一些省份也已经有了学生选举监督团的组织。他想，何不搞一个湖北公民选举监督团呢？

他跑到法租界，同一个被王占元通缉的老国民党员熊晋槐商量了一下，决定自己以学生和新闻记者的身份发起组织湖北公民选举监督团。

回来以后，他把这个想法告诉了陈潭秋和其他几个朋友，大家立即行动，几天工夫，就联络了一些失学失业的青年和法政学校的学生。

不久，湖北公民选举监督团筹备会在省教育会召开，到会的有一两百人。会议通过了湖北公民选举监督团的章程、宣言，选举了团长、副团长。会议决定，除当天到会的全部人员为发起人之外，再继续向各学校社团征求发起人，然后正式宣告成立。

会后，他们把会议记录和通过的文件都送到报馆发表。接着，他们又用熊晋槐给的 10 串钱将章程、宣言印成传单，到处散发。

这下可惊动了那些军阀、官僚、政客和学阀们。但是，他们却不敢采取高压手段禁止，因为一来他们做贼心虚，二来江浙各省已有这类活动，他们怕再弄出五四运动那样的局面来。

这样，包惠僧他们便能够把那些"督军派""自治派""议会派""研究系""政学系"和国民党官僚政客奔走豪门竞争选举的丑行写成报道，送到报纸发表。稿子采用得多，收入也增加了，包惠僧的生活得到了暂时的改善。但是，好景不长，这种状况只维持了几个月时间。

很快又到了夏季。一天，包惠僧听一位同学谈起利群书社的情况，引起了他的兴趣。他早就知道利群书社，但总以为那也是一群失业青年为谋生而办的书店，今天听说不是那么回事，他想去采访一下。[1]

① 据有关史料记载，利群书社于 1920 年 2 月 1 日正式开张营业。包惠僧在回忆录中说他 1919 年夏天采访利群书社，时间显系误记。

利群书社位于武昌横街头的丁字路口。包惠僧来到书社，第一印象是这里比其他商店简单朴素。走进大门，只见店堂正中摆着一张长方形的台子，上面摆满了各地新出版的报章杂志。台上还放着一块写着"阅览台"的白底黑字木牌，背后写的阅览规则告诉人们，不管谁在这里看书，都不收阅览费。柜台里面有两个高大的书架，架上的书不多。柜台没有人守，出出进进的人很多，买书的人却很少。

包惠僧在里面徘徊了半个小时，也找不到一个问话的人。一会儿，里面出来两个青年，抬着一筐垃圾，打扮不像工人。包惠僧上前问："谁是你们管事的呀？"

那两个青年看了他一眼，其中一个说："我们没有经常管事的人，只有轮流值班的，现在就是我们值班。你要买书报吗？"

包惠僧说："我是新闻记者，想采访贵书社的情况，替你们作一些宣传报道。"

那两个青年笑着说："我们什么也没有，只有几个人。这个铺面是租的，贩卖的书报是卖了再给钱。我们是中华大学的走读生，借利群书社作一个宿舍，还可以得到阅览书报的方便，就是这样。我们没有可以值得宣传报道的东西，辜负了你的好意。"

谈到这里，他们也不等包惠僧再问，就笑着走了。

包惠僧碰了个软钉子，反而更加引起了他的好奇心。他离开书社以后，就去访问了陈学渭、罗四维、林育南。他们也是黄冈人，都与利群书社有关系，可他们也吞吞吐吐不肯说实话，只说这是一个工读互助的团体。

利群书社是由恽代英和林育南、廖焕星、李书渠几个人以互助社等团体为基础于年前创办的。这个书社经销包括马克思主义在内的各种新思潮书刊，与上海的新青年杂志社、长沙的文化书社都有密切联系。开始，它确实是一个工读互助性质的团体。它的宗旨是"利群助人，服务群众"，目的是实验"共同生活"的"互助主义"。但到后来，随着恽代英等人逐

包惠僧

渐向马克思主义转变，它便成了武汉乃至长江地区中上游传播马克思主义的重要阵地。

包惠僧经过多方了解，终于知道了利群书社的发起人是恽代英。恽代英是中华大学附中部主任。在包惠僧的心目中，"他是一个信仰无政府主义，而富于想象力的人"，"他不满意他的家庭，不满意他的学校，更不满意那种社会和国家"，"他因为不满意现状，想在无政府主义的思想体系之中创造一种接近现实的新的人生"[①]。

其实，恽代英的思想是比较复杂的。起初，他思想中无政府主义的倾向确实很明显，但其主流仍是爱国主义、民主主义。到创办利群书社的时候，由于受新村主义的影响，空想社会主义和改良主义又占据了他思想的主导地位。这年春天，他到北京主持"少年中国学会丛书"编辑工作，深受李大钊影响，又著文表示相信马克思主义，主张从根本制度上全部改造世界。

包惠僧认为恽代英是一个无政府主义者，也以为利群书社"不过是无政府主义的流派，不会成什么大事，也没有兴趣去追随他们"[②]。他仍然过着白天采访、夜晚写稿的生活。

蛇山脚下星星火

武汉的盛夏酷热难当，"骄阳似火"在这里绝非形容词。包惠僧汗流浃背，奔走在热浪汹涌的大街小巷。

这几年，包惠僧几乎跑遍了武汉三镇的每一条街巷。整日里，他看到

---

① 《包惠僧回忆录》，人民出版社 1983 年版，第 47 页。
② 《包惠僧回忆录》，人民出版社 1983 年版，第 48 页。

的是洋人的飞扬跋扈、军阀的残忍狠毒，听到的是劳苦大众痛苦的呻吟。他感到这个城市太肮脏了，这个世道太黑暗了！

可是，他还得在这肮脏的城市里跑，在这黑暗的世界里闯。结果呢，是一次又一次的碰壁，一次又一次的失望。他陷入了深深的痛苦之中。

就在这时，包惠僧的一位同乡族人从上海回到武汉。此人叫包彦臣，论辈分是包惠僧的祖辈，曾担任过国会议员。包惠僧到他的住处看望他，也想顺便采访一点新闻。

包彦臣这次是同刘伯垂一道从广东经过上海回到武汉的。他见包惠僧是搞新闻的，就告诉他，刘伯垂回来打算办报纸或杂志，要他去帮刘伯垂。

包惠僧不了解刘伯垂，当时未置可否。不料过了一个多星期，刘伯垂到金家客栈找他来了。

刘伯垂又名刘芬，湖北鄂城人。他在少年时曾从章太炎学过文字学，也跟陈独秀学过音韵学，后来东渡日本，就读于明治大学法科。在日本，他受民主革命思想影响，加入了孙中山领导的同盟会，同时也受到马克思主义的影响。他约在 1916 年毕业回国当律师，1918 年在广州护法军政府司法部工作，1919 年参与创办《惟民》周刊——这是一份宣传新思潮的刊物。

刘伯垂先将陈独秀写的一封信交给包惠僧，然后才说明自己的来意。他说，他这次路过上海，拜会了他的老师陈独秀先生，先生介绍他参加了他们创建的共产党组织 ①，并要他回武汉找几位同志，一起创建武汉的共产党组织。

像在暗夜里突然看见一线曙光，包惠僧心里有一种说不出的惊喜和激动。他一遍又一遍地看着陈独秀的来信，暗自庆幸半年前的那两次采访。

包惠僧当然不知道，刘伯垂在找他之前，已经找了董必武和张国恩。张国恩就是包惠僧在一师读书时批准他请假回家办婚事的那位当学监的老师。

---

① 这一组织后通称"上海共产党早期组织"。

刘伯垂谈的事，对董必武和张国恩来说，已不算新闻。大约在包惠僧采访利群书社的时候，他们就收到了一位湖北同乡从上海寄来的信。

寄信人叫李汉俊，湖北潜江人。去年董必武和张国恩在上海，就是从这位刚刚由日本回国的留学生那里读到了马克思主义书刊。董必武后来曾称他是自己的"马克思主义老师"。

李汉俊此时正在上海参与创建共产党早期组织的工作。他在信中约董必武、张国恩也在武汉创建共产党早期组织。

董必武很快联系陈潭秋，一同进行建党活动。陈潭秋此时是武汉中学的英语教员。这所学校是董必武在他的协助下创办的。

陈潭秋却没有跟包惠僧说起此事。按说，陈潭秋与包惠僧既有同乡之情，又有金家客栈半年的朝夕相处之谊，交情是不错的，而且对包惠僧的思想激进也不可能不了解，那么，为什么对他守口如瓶呢？

原因恐怕在包惠僧的性格上。这里有一段包惠僧后来对当时情况的回忆：

"在当新闻记者的时候，我差不多是一只野马，思想没有一定的体系，言论行动没有一定的范围。对人处事全凭热情，因此，有人讨厌我，也有人愿意同我做朋友。但就是这些朋友也免不了常和我争吵打架，因为我是过于感情用事。陈潭秋与我相识最早，他常呼我为'暴徒'……"①

组织共产党是极端秘密的事，陈潭秋的慎重是可以理解的。

刘伯垂找到包惠僧之后，又去找了郑凯卿。很显然，这也是陈独秀的意思。

不久，董必武又在武汉中学联系了一位教员。他叫赵子健，是董必武的黄安同乡。

1920年8月的一天，包惠僧与董必武、陈潭秋、刘伯垂、张国恩、郑

---

① 《包惠僧回忆录》，人民出版社1983年版，第63页。

凯卿、赵子健聚集在蛇山北麓的抚院街 97 号举行会议，正式成立武汉共产党早期组织①。这里是董必武和张国恩合办的律师事务所。

会议由刘伯垂主持。他宣读了一份他带来的上海共产党早期组织的组织大纲草案，报告了上海共产党早期组织的组织和活动情况。

接着，会议参照上海的模式，研究了组织的组织生活制度。大家一致认为，组织成立以后，一定要加强马克思主义的学习和宣传，加强党在工人中的工作。会议决定组织每周开会学习一次，每次会议都作读书报告或国内外时事报告。

最后选举，包惠僧当选为组织书记。

关于这次会议，特别是选举的情况，再没有更多的材料。后来，曾有人问包惠僧当时为什么选他当负责人，他说是因为其他的人都有固定的工作，而他是一个不受约束的特约记者，活动比较方便。除此之外，陈独秀对他的赏识，他自身的积极热情，恐怕也与他的当选不无关系。

包惠僧后来曾在他的回忆录中这样描述当时的心情：

"我在旧社会里是个无依无靠、孤苦零丁的人。从学校出来，过了两年多的流浪生活，好像是水上的浮萍，大海的飘舟，不知向哪里去找一个安身立命之所，经过了转弯抹角，才走上了这样的一条路。我认识了我的前途，增加了我的力量，我再不是一个孤苦零丁的人了！这是我有生以来的一个大转变！"②

可以想见，如此愉悦振奋的精神状态会焕发出怎样高昂的革命热情和积极性。

包惠僧不但精神状态变了，而且脾气秉性也有些变了。因为"共产党

---

① 这一组织的名称，董必武回忆为"共产主义研究小组"，陈潭秋回忆为"武汉共产主义小组"，包惠僧回忆为"共产党武汉支部"，后通称为"武汉共产党早期组织"。关于"武汉共产党早期组织"的成立时间也说法不一，经多方考证，作者认为当为 1920 年 8 月。

② 《包惠僧回忆录》，人民出版社 1983 年版，第 62 页。

在当时是一个绝对秘密的党，有一套保密的规定”，他再“不敢感情用事，随随便便”，像从前那样了。“从前是幻想得多工作得少，后来是幻想得少做得多了”。他自认为这是他“加入党以后的第一个改变”[①]。

常言道，江山易改，本性难移，包惠僧也难免有“旧病复发”之时，所以刘伯垂常戏称他是“感情动物”。而每当他一言不合即与人争论，甚至摩拳擦掌的时候，稳重沉静的陈潭秋便提醒他：“急躁易偾事，尤易暴露缺点，失去人心。做领导工作的人，要有容人之量。工作今天没有做好，明天再做；话今天没有说通，明天再说，急躁何用！”一席话，干戈化成了玉帛。

25 岁的包惠僧是第一次做领导工作，而且领导的又是一项前无古人的工作，其难度可想而知。然而此时，他和他领导的人却不是一般的人，他们是一群决心为实现共产主义理想而奋斗终身的无产阶级先进分子。所以，尽管困难重重，早期组织的工作还是开展得有声有色。

共产党以马克思主义作为自己指导思想的理论基础，不懂马克思主义当然不行。包惠僧深感自己马克思主义的书籍读得太少，所以自己把很多时间用在读书上，也把很多精力用在早期组织学习上。

包惠僧后来曾说他们多数同志几乎是当了共产党员才学习马克思主义的，所以学习起来如饥似渴。他们“主要的读物是《共产党宣言》、《新青年》杂志、李汉俊译的《资本论浅说》、《共产党》月刊、考茨基著的《唯物史观》、李季译的《社会主义史》、《马克思传略》及关于巴枯宁、克鲁泡特金、托尔斯泰的著作及传记”。这些书大部分是刘伯垂带回来的，“大家都很喜欢读”[②]。

这年冬天，李汉俊从上海回潜江老家路过武昌，包惠僧和董必武还把

---

① 《包惠僧回忆录》，人民出版社 1983 年版，第 63 页。
② 《包惠僧回忆录》，人民出版社 1983 年版，第 18、19 页。

他请到抚院街董必武的寓所，给组织内的同志们讲唯物史观。

按照组织生活制度，组织内每周都要开会。会上，有时作工作报告，有时作读书报告或国内外时事报告。会议有时在抚院街董必武寓内开，有时在多公祠 5 号开。多公祠 5 号在湖北省警察厅隔壁，是组织成立后设立的工作部，门口挂着"刘伯垂律师事务所"的招牌。

尽管包惠僧和他的同志们在学习上收获很大，他的心情却仍不轻松，因为他觉得共产党是工人阶级的政党，理应把工作重点放在工人运动上，可这方面进展甚微。

这也难怪，组织里除郑凯卿一个工人外，其余的都是知识分子，大家对工人运动都不熟悉，现在马上去把工人组织起来，显然不现实。

怎样干才算现实呢？包惠僧和同志们讨论了好几次，拟定了一个武汉工人运动计划，决定先从调查入手。

包惠僧想到上次陈独秀要他协助郑凯卿调查武汉工人状况的任务还没完成，于是就和同志们分头跑了几个工厂。

不久，《新青年》第 8 卷第 1 号刊登了一篇署名"文华大学学生"的调查报告——《武昌五局工人状况》。这就是包惠僧他们调查的成果。

《新青年》第 8 卷第 1 号出版于 1920 年 9 月 1 日。这无疑是判定武汉共产党早期组织成立于 1920 年 9 月以前的有力佐证。

这篇调查报告发表以后，包惠僧又在对一些工厂进行调查的基础上，写了一篇《我对于武汉劳动界的调查和感想》。第二年 4 月 9 日的上海《民国日报》的《觉悟》副刊，发表了这篇文章。

文章开头写道："劳工神圣的呼声，震天撼地；惟劳动乃能支持生活；不然，洁白的米饭，哪里会拱手送来！所以我对于劳动界十分钦佩，十分感激。现在佢①们被奴于资本家，有十二分的痛苦，我望佢们有彻底的觉

---

① 佢，即"他"。

悟，大家快快团结起来，推翻资本制度，实现人类的福利。"

接着，分"工厂与工人""工作与工资""工人的嗜好""工人的道德"四个部分，描述了武汉工人的工作和生活状况。

最后，提出了三项"革新的办法"：（1）劳工教育；（2）劳工组合；（3）劳工俱乐部。结尾处又特别强调："改造的第一步就是改良劳动状况。"

应该说，在中国共产党正式成立以前，在工人运动尚未发动的时候，能对工人运动提出如此的见解，是十分难能可贵的。

既然工人运动方面的工作只能先做调查研究，包惠僧和他的同志们便把自己工作的主要对象放在青年学生上。由于组织内的成员大多在学校工作或与学校有联系，工作进行得很顺利。

不久，马克思学说研究会成立了。这是一个以学习、研究、传播马克思主义为己任的公开团体。

接着，社会主义青年团也成立了。这是一个以"研究社会主义、实践社会主义思想"为宗旨的半公开团体。

创建这两个团体的武汉共产党早期组织成员，都是这两个团体的成员。

在 1920 年 11 月 7 日举行的社会主义青年团成立会上，包惠僧作为这个组织的书记，讲了这样一段话：

"中国现时的教育尚处于发展的低级阶段，特别是我们湖北省。这是因为，一些持守旧观点的人掌管了教育部门，他们并不明白现时到底需要什么样的教育。一批迂腐的校长主持着学校，向自己的学生灌输忠孝之道，硬把宋、元、明封建王朝的学说塞给学生，向他们介绍唐宋八大家的作品。而对于当代迫切需要的普遍教育，他们却毫不关心。我们正日甚一日地沉沦于无知的昏暗之中。因为主管教育的那些人并不关心青年，所以我们应该自己想办法摆脱这种情况。我们应当致力于社会主义——这种最合当今时宜并能把人类引上进步道路的学说。我们应该把自己的全部精力花在对社会主义的研究上面。我们刚刚组织起来的青年团，是在教育事业中显示我们首创精神的唯一工具。我们要努力奔向光明和社会主义——苏维埃俄国。"[①]

接着，包惠僧宣读了团的简章。简章规定，这个团体的名称为武昌社会主义青年团。

青年团的组织发展得很快，不久又成立了汉口社会主义青年团。

共产党早期组织的组织发展却非常慎重，过了好长一段时间，才发展了一名失业工人。这位工人叫赵子俊，是郑凯卿介绍的。

武汉共产党早期组织成立以后，被包惠僧称作"临时中央"的上海共产党早期组织曾给他来信，要他们吸收恽代英和他领导的利群书社的积极分子加入小组。

包惠僧同恽代英谈过，他和陈潭秋还找过李书渠、林育南、廖焕星等人，李汉俊到武昌时也去找过他们。这些接触虽然没能使恽代英等人成为武汉共产党早期组织的成员，却对促进他们向马克思主义的转化起了重要推动作用。后来，他们组织了近似共产党早期组织性质的共存社。中国共产党成立以后，他们即取消共存社，分别加入了中国共产党。

到利群书社去过的还有两位金发碧眼的外国人。这就是共产国际同意俄共（布）远东局海参崴分局派到中国的代表团的两名成员——马迈耶夫和他的妻子马迈耶娃。25岁的马迈耶夫是代表团负责人维经斯基的秘书，原是苏俄红军军官。马迈耶娃是莫斯科的歌舞演员，在代表团当打字员。包惠僧和董必武、陈潭秋接待了他们。

武汉共产党早期组织准备办一所外国语学校作为宣传中心，李汉俊便介绍马迈耶夫夫妇前来任教，协助工作。后来，因为俄语在武汉不大盛行，计划没有实现。

马迈耶夫只能说几句不太熟练的中国话。他也懂点英语，但不如陈潭

① ［苏］鲍里斯·舒米亚茨基：《中国共青团和共产党历史片断》，1928年。转引自《共产主义小组》（上），中共党史资料出版社1987年版，第413页。

秋，只跟包惠僧差不多。他们在一起交谈时，一人手上拿一本华英词典，马迈耶夫还多一本俄英词典，一面谈话，一面翻字典。

马迈耶夫介绍了不少有关苏俄十月革命后建立革命秩序和国际共产主义运动的情况。

既然外国语学校办不成，这一对惹眼的俄国人便不能在武汉老待下去了。

分别的时候，马迈耶夫说他不久将回莫斯科进陆军大学学习，他鼓励包惠僧、陈潭秋也到莫斯科留学。

包惠僧后来曾这样描述他听到马迈耶夫这番话时的心情："我很兴奋。我立志要把共产党的工作做好，并要把我自己锻炼成一个好的干部。其实，我当时对共产主义理论的修养和对共产党组织能力的锻炼差得太远。一切都在暗中摸索，对共产党的基本任务和前途的发展并无明确的认识。"①

于是，他决定离职学习。这时已放寒假，他把工作交给陈潭秋，带着3名青年团员离开武汉前往上海，准备到莫斯科留学。

---

① 包惠僧：《思想总结》（第一部分），1950 年。

第三章

结　党

沪穗之行

包惠僧到达上海的时候，已是 1921 年春节前夕。十里洋场，到处弥漫着节日的气氛。包惠僧无心逛街赏景，径直来到法国租界的霞飞路新渔阳里 6 号。

这是一幢石库门房子，一楼一底。门口挂着一块白底黑字招牌，上面是 5 个魏碑体大字："外国语学社"。

这里是上海共产党早期组织的机关所在地。外国语学社是党组织为培养干部办的一所公开学校，学员是各地共产党早期组织选派来的，都是社会主义青年团员。社长杨明斋是维经斯基率领来华的代表团的 5 名成员之一。他是山东人，19 岁时离乡背井到俄罗斯，在那里度过了 19 个春秋。

一个多月前，上海共产党早期组织书记陈独秀应广东省省长兼粤军总司令陈炯明之聘，赴广州任广东省教育委员会委员长兼大学预科校长。陈独秀离沪以后，由李汉俊代理书记。

包惠僧在这里见到了李汉俊。李汉俊告诉他，维经斯基已奉令回国，因为没有经费，他赴莫斯科留学不能成行，要他暂留上海工作。

于是，包惠僧便留下来参加上海党组织的活动。他受命与杨明斋负责教育委员会的工作。这个委员会的主要任务是选派学生赴莫斯科留学。选派对象确定以后，要组织他们在外国语学社的俄文补习班补习俄文。

此后，有三批学生从这里辗转到了莫斯科。他们中有后来成为中共中央副主席、中华人民共和国主席的刘少奇，有成为中共中央书记处书记、中共中央秘书长的任弼时，有成为中共中央政治局委员、国务院副总理、中共上海市委第一书记、上海市市长的柯庆施，有成为中国人民解放军海军司令员、大将、国防部副部长的萧劲光。

包惠僧除负责教育委员会的工作以外，还参加了上海小组对印刷工人、烟草工人、纺织工人的组织工作和一些对广大群众的宣传鼓动工作。

1921 年 5 月 1 日，上海共产党早期组织组织了一次庆祝五一国际劳动节的活动。这天，他们在天后宫举行集会，印制了好几种传单到处散发，还在好几家报纸上发表了纪念宣传文章。

这一下可惊动了上海的反动当局。法国巡捕房派来武装巡捕搜查了组织的机关部。

新渔阳里 6 号待不下去了。李汉俊对包惠僧说，这里人都走了，经费也没了，工作没法干下去了，要他去广州向陈独秀汇报，要么请陈独秀回来，要么把机关搬到广州去。

李汉俊之所以要包惠僧到广州去，一个原因是他见过陈独秀，而且常有书信来往。

还有一个原因，是包惠僧认识《新青年》杂志的发行人苏新甫。苏新甫是陈独秀的亲戚，武汉党组织发行《新青年》时，包惠僧与他打过交道。陈独秀到广州后，苏新甫也将《新青年》发行部搬到了广州。

包惠僧先给苏新甫写了封信。苏新甫回信说让包惠僧到广州后住在《新青年》发行部，连吃饭他也包了。

可是，到哪里去弄路费呢？正在这时，包惠僧的黄冈同乡马哲民收到父亲给他寄来的 200 元钱。马哲民是包惠僧从武汉带到上海的 3 名青年团员之一，也是准备到莫斯科留学的。他给了包惠僧 15 元钱。

就靠这 15 元钱，包惠僧从上海坐船到了广州。一到广州，他就来到兴昌马路 23 号 2 楼《新青年》发行部，找到了苏新甫。

第二天，包惠僧去见陈独秀，陈独秀很高兴。

包惠僧汇报了上海的情况，然后说："李汉俊让你回上海，或者把党的机关搬到广州来。"

陈独秀说："这里到处是无政府主义，对我们造谣诬蔑，怎么能搬到这里来？广州在地理位置上不适中，环境也不好，上海居中。"

陈独秀不同意把上海党组织机关搬到广州来，也没有回上海的意思。他对包惠僧说："上海无工作可做，广州的工作很多，你就暂在广州工作。"

包惠僧此行的任务没有完成，反倒留在了广州。他开始参加广州共产党早期组织的活动。这时广州党组织已由谭平山任书记，成员除陈独秀之外，还有陈公博、谭植棠等人。他们每周都要开一次会。

苏新甫给包惠僧联系了几家报馆的剪报工作。他每天剪报，然后用快信寄给上海、北京、重庆等地，每月可得30多块钱。

包惠僧还担任《广东群报》撰述，给《广州日报》写稿。这两家报纸都由陈公博任总编辑。陈公博还是宣传员养成所所长。《广州日报》和宣传员养成所都是陈独秀来广州后办的。

陈独秀要包惠僧到养成所当讲学，他没到职。

包惠僧差不多每天都到陈独秀那里去谈天。陈独秀住在离珠江不远的看云楼。他们几乎无话不谈。

包惠僧问共产党究竟应该怎么搞法，陈独秀说我们应该一面工作，一面革命，我们党现在还没有什么工作，要钱也没有用，革命要靠自己的力量尽力而为，我们不能要第三国际的钱。

谈起上海党组织的工作，陈独秀说：维经斯基去了，上海难道就没有事情可做了？李汉俊急什么？中国的无产阶级革命还早得很，可能要100年上下，中国实现共产主义遥远得很。李汉俊可以先在他哥哥家住住。我们现在组织了党，不要急。我们要学习，要进步，不能一步登天。要尊重客观事实。

陈独秀对包惠僧说：要允许各种思想争鸣，自由发展，信仰自由，让各种思想都暴露出来，由人民群众评论谁是谁非。我们尽管信仰马克思主义，别人信仰无政府主义也不要紧。不要攻击别人，谩骂别人。

他们还谈到武汉共产党早期组织的情况。陈独秀说他来广州办了不少学校，还办了宣传员养成所。他让包惠僧回武汉后也按他的办法搞。

他们还谈论学问，谈论做人处世之道，有时也评论时人。

包惠僧后来说："我与陈独秀的关系就是在这段时间建立起来的。这两个月我们几乎天天见面。他比我大15岁，我很尊重他，我们都喜欢彼此的性格。我是读书人，他好比书箱子，在学问上我受他不少影响。他俨然是我的老师，每次谈话都如同他给我上课，我总是很认真地思考他的话。陈独秀不讲假话，为人正直，喜怒形于色，爱说笑话，很诙谐，可是发起脾气来也不得了。他认为可以信任的人什么都好办，如果不信任就不理你，不怕得罪人，办事不迁就。"①

陈独秀对包惠僧印象也不错。一天，有人说："天下有个九头鸟，地下有个湖北佬。"这句话是骂湖北人的。陈独秀听后说："不见得，包惠僧、刘伯垂就是好人。"

包惠僧到广州以后，一位长满络腮胡子的荷兰人来到上海。他就是列宁亲自委派来华的共产国际执行委员马林。他的使命是帮助建立中国共产党。

马林是6月3日到达上海的。一到上海，他就与共产国际远东书记处派来中国执行同一任务的俄国人尼科尔斯基取得联系。然后，两人一起跟李达、李汉俊秘密见面。这时，已由李达代理上海共产党早期组织书记。

马林听完李达和李汉俊的汇报，建议马上召开中国共产党全国代表大会，正式成立全国性的组织。

此后，便由李达和李汉俊分头给各地共产党早期组织写信，要求每地派两名代表来上海开会，并随信给每名代表寄去100元路费。这笔经费是马林提供的。

广州的陈独秀收到了李汉俊的来信和汇款。他召集广州党组织的全体成员举行了一次推举代表的会议。

① 《包惠僧回忆录》，人民出版社1983年版，第368页。

在包惠僧的记忆里，会议的经过是这样的：

"有一天，陈独秀召集我们在谭植棠家开会，说接到上海李汉俊的来信，信上说第三国际和赤色职工国际派了两个代表到上海，要召开中国共产党的发起会，要陈独秀回上海，请广州支部派两个人出席会议，还寄来200元路费。陈独秀说第一他不能去，至少现在不能去，因为他兼大学预科校长，正在争取一笔款子修建校舍，他一走款子就不好办了。第二可以派陈公博和包惠僧两个人去出席会议。陈公博是办报的，又是宣传员养成所所长，知道的事情多，报纸编辑工作可由谭植棠代理。包惠僧是湖北党组织的人，开完会后就可以回去（会前陈独秀与我谈过，还让我回湖北工作，大概他已经接到上海的信了）。其他几个人都忙，离不开。陈独秀年长，我们又都是他的学生，他说了以后大家就没有什么好讲的了，同意了他的意见。"①

于是，包惠僧登上了直达上海的海船。

他没有与陈公博同行。陈公博带着他的妻子绕道香港，在那里搭乘了一艘开往上海的邮轮。陈公博是前一年结的婚，婚后因为忙没有度蜜月，这次想利用赴沪开会的机会给妻子一点补偿。

受陈独秀派遣参加一大会议

包惠僧是 1921 年 7 月 20 日到达上海的。他仍然住在新渔阳里 6 号。

第二天，陈公博夫妇也到了上海，住在大东旅社。包惠僧给陈独秀发了一封报平安的电报。

就在这天，张国焘要包惠僧搬到白尔路 389 号博文女校去住。张国焘

---

① 《包惠僧回忆录》，人民出版社 1983 年版，第 368、369 页。

是北京共产党早期组织的代表，因为参加会议筹备工作，先期到达上海。

此时正值暑假，博文女校的学生、教员都放假了，会议便在这里租了几间房作为代表"招待所"，名义是"北京大学暑期旅行团"。

包惠僧来到女校的时候，这里已经住进了 8 位代表。他们是湖南的毛泽东、何叔衡，湖北的董必武、陈潭秋，山东的王尽美、邓恩铭，北京的刘仁静，从日本回来的周佛海。

包惠僧和周佛海住一个房间。张国焘名义上也是住这个房间，不过不常来，他在外面租了房子。

包惠僧是半客半主的身份，理所当然地要搞一些会务工作。他一住下来，就去找博文女校校长黄绍兰接洽交房租的事。黄绍兰的丈夫黄侃，字季刚，北京大学中文系教授。黄绍兰、黄侃都是湖北人，与包惠僧有同乡之谊。

当天晚上，包惠僧参加了在这里召开的预备会议。

第二天，也就是 7 月 23 日，中国共产党第一次全国代表大会正式开幕。会场设在李汉俊家里，地址是望志路 106 号（今兴业路 76 号），离博文女校不远。

包惠僧与来自各地的 12 名代表出席了大会。出席大会的还有来自莫斯科的共产国际代表马林、来自伊尔库茨克的共产国际远东书记处代表尼科尔斯基。

58 年以后，包惠僧在一篇回忆马林的文章中叙述了会议的情况：

"我们在上海开了 4 天会。

"第一天是马林作报告，题目是《第三国际的历史使命与中国共产党》。马林当时是四五十岁的年纪，高大身材，连鬓胡子。他对马克思、列宁的学说有精深的素养。他声如洪钟，口若悬河，有纵横捭阖的辩才，从下午 8 时讲到夜 1 时结束。他是用英语作报告，李汉俊、刘仁静、周佛海作翻译，我们在他的词锋下开了眼界。当时我们的党员人数约计不过 30 余人（当时全国党员人数为 57 人——引者注），除武汉支部有一个工人而外，其余都是知识分子。马林也指出，我们的党工人太少，今后要向工厂工人进军。

"第二天仍在原地、原时间开会。各地代表作工作报告，也讲了各地的政治文化教育，及我们的工作活动和自然环境等情况。

"第三天也在原地、原时间开会讨论问题。第一，讨论党纲，有些争论；第二，讨论劳动运动方案，也有争论。

"我们开会推了张国焘为会议主席，这也是事前得到马林同意的。我们当时发言很自由，但是发言的人并不多。对有争论的问题主席作结论时总是说：大家发言都记录下来，有争论的问题，等下次开会时马林来了再作结论。马林和尼克尔斯基第二、三天都没有参加。

"第四天仍在原地、原时间开会，马林和尼克斯基来了。刚宣布开会时，一个陌生的人进来把门帘子掀开，向我们会场看了一下说：'对不起，我找错了地方。'就下楼了。马林很机警地问大家认识来人吗，都说不认识。马林说是个包打听，今天不能开会了，马上解散。我们大家一两分钟内，就从前门走了，只有陈公博和李汉俊坐在那里聊天……"①

这里要说明一点的是，在包惠僧说的"第二天"和"第三天"之间曾休会两天，起草党的纲领和工作计划。那么，他说的"第四天"就是 7 月 30 日了。

包惠僧和其他代表走出大门后，没有回博文女校，因为怕那里已被密探监视。他们看看后面没人盯梢，便拐弯抹角来到渔阳里 2 号。这里是《新青年》杂志编辑部，李达夫妇和陈独秀的妻子高君曼住在这里。

足足等了两个小时，没有异常动静。大家都牵挂着李汉俊和陈公博。张国焘要包惠僧到李汉俊家看看。

包惠僧"内心也急切想知道一个究竟，就冒冒失失地跑到李汉俊家里

①　《包惠僧回忆录》，人民出版社 1983 年版，第 428、429 页。

去，当走上楼梯时，李汉俊、陈公博正走出来看"①。

李汉俊告诉包惠僧，他们"走了约十余分钟，巡捕房开了两部汽车来了一群人"，"把这间房子围住，一面问你们开什么会，一面楼上楼下搜了一遍，没有发现什么可疑的人和事"，他"用法语跟那几个法国人解释了几句"，"说不是开会，是北京大学有几个教授在这里谈论写现代科学丛书的问题"，大概巡捕们也知道这里是他哥哥的住宅，就走了。②

李汉俊的哥哥叫李书城，是同盟会元老，这时正在湖南主持讨伐湖北督军王占元的军务。

李汉俊还告诉包惠僧，他写字桌抽屉里有一份《中国共产党纲领》草案，一开抽屉就看见了，可巡捕们竟没发现。

"明天不能在这里开会，要改地方。"李汉俊最后说。

陈公博也谈了一些情况。他对包惠僧说："法国巡捕刚走，此非善地，你我还是赶快走吧！"

包惠僧正要离开，李汉俊又叮嘱他："你出去后也要注意，怕有人盯梢。"

包惠僧出门不远，遇上一辆黄包车，便跳上车，叫车夫拉到三马路。到了三马路，包惠僧佯装下车买东西，见后面没有盯梢的，又叫车夫拉到爱多亚路，然后七弯八拐，折入环龙路才下车。待黄包车走远，他才向渔阳里走去。

这时已是午夜时分，李达家中还亮着灯光。大家都在为包惠僧担心，渔阳里离树德里并不远，怎么去了这么长时间？直到包惠僧走进屋来，大家才松了口气。

包惠僧把那边的情况说了一遍，大家一致同意换个地方开会。可到哪

---

① 《包惠僧回忆录》，人民出版社1983年版，第429页。
② 《包惠僧回忆录》，人民出版社1983年版，第429页。

里开合适呢？

　　包惠僧后来回忆："当时王会悟说可以到浙江嘉兴南湖，作为游湖去那里开会。经过大家考虑后，决定次晨到南湖尽一日之长，开完这个会。"①

　　王会悟是李达的夫人，又是李达的得力助手，这次协助李达筹备会议，出了不少力。她的家乡桐乡县（现为桐乡市）紧挨嘉兴，她又在嘉兴师范学校读过书，对嘉兴很熟悉。这次转移到南湖继续开会，便由她一手安排操持。

　　包惠僧回忆说："约在 10 时左右，我们都到了南湖。此地风景甚好，游人不多，我们便雇了一只大船，买了酒菜，把船开到湖心，就开始开会。经过前夜一场虚惊以后，大家发言也精简了些。在正午一点钟前，顺利地通过了'党纲'，通过了'劳动运动计划'，就吃饭。吃完午饭以后，就开始讨论'宣言'。讨论'宣言'时，也有一些小的争论。"

　　争论的问题是怎样对待孙中山。包惠僧认为孙中山也是军阀，不同意联合孙中山。他说："孙中山代表资产阶级，作为一个无产阶级政党的政治宣言，还能对他表示丝毫妥协吗？"当时很多同志同意他的意见，可"董必武反对这个意见"②。

　　"当时董必武发了好几次言，认为孙中山与军阀不同，孙中山不是军阀"，包惠僧后来说，"董必武对孙中山有深厚的感情，这样就为国共合作安下一个伏笔"③。

　　陈潭秋也不同意包惠僧的意见，虽然他们在会前会后"商谈甚多"。陈潭秋曾"再三"对包惠僧说："会前会后的交谈与在会议上的争执辩论是同样重要的，或者相互间的交谈酝酿，比在会议上的争论还要重要，还

①　《包惠僧回忆录》，人民出版社 1983 年版，第 429 页。
②　《包惠僧回忆录》，人民出版社 1983 年版，第 25 页。
③　《包惠僧回忆录》，人民出版社 1983 年版，第 374 页。

要深入。"①

陈潭秋"主张对北洋政府与对孙中山所领导的南方政府分别对待。有人问他说：'孙中山不也是资产阶级的一个集团吗？'他说：'半封建半殖民地的中国，革命不可能是一步登天的，恐怕是要经过一些曲折的道路。我们一面要坚定阶级立场与资产阶级斗争到底，另一面对反动统治阶级的人和事也要分一个青红皂白，分别对待。这样，我们的党才能得人心，才能站在正义的方面，才能扩大我们的政治影响，争取革命的多数"②。

陈潭秋的意见，包惠僧当时是否接受，不得而知。时隔 57 年，包惠僧在一篇回忆陈潭秋的文章里写下了这样的话："他这样的意见，在今天来说，自然是明白易懂，但是在我们党创立时期，我们的同志都没有政治经验，我们只知道阶级斗争，只知道与资产阶级及一切反动统治集团划清界限，没有理解到共产党可与资产阶级建立民主统一战线。所以烈士的见解，在当时可算是高人一筹了。"③ 这时，陈潭秋已遇难 35 年了。

有趣的是，这场争论双方的代表人物竟都是湖北人。争论的结果怎样呢？据包惠僧说，"讨论了一会儿，结果好像是把这一段删去了"④。这就是说，包惠僧的意见被否决了。

据包惠僧回忆，在一大的每次会议上，"大家都争取发言，发言最多的是张国焘、周佛海、李汉俊、刘仁静"，他"也算是发言较多的"⑤。

大会的最后一项议程是选举。

选举结果：由陈独秀、张国焘、李达组成中共中央局，陈独秀任书记，张国焘负责组织工作，李达负责宣传工作。

---

① 《包惠僧回忆录》，人民出版社 1983 年版，第 376 页。
② 《包惠僧回忆录》，人民出版社 1983 年版，第 377 页。
③ 《包惠僧回忆录》，人民出版社 1983 年版，第 377 页。
④ 《包惠僧回忆录》，人民出版社 1983 年版，第 25 页。
⑤ 包惠僧：《思想总结》（第一部分），1950 年。

中国共产党正式成立了！包惠僧按捺着激动的心情，同大家一齐轻声欢呼：

"共产党万岁！第三国际万岁！共产主义、人类的解放者万岁！"

湖上的游客谁也没有想到，此时此刻，一起开天辟地的划时代的历史性事件正在他们身边发生——那般轰轰烈烈，又如此悄悄静静！

"约在下午6时太阳还没有下山，我们的会结束了，当即乘车回沪。到达上海时间虽不很晚，已是灯光万家了。"[①] 包惠僧这段34年以后的回忆文字，仍使人感受到他当时那种成功的喜悦和如释重负的轻松。

五天牢狱之灾

海天茫茫，银鸥点点。包惠僧走上甲板，极目四望，顿觉心旷神怡，气宇轩昂。

这是一艘从上海开往香港的海轮。包惠僧此行的目的不是香港，而是他一个多月前离开的广州。他这次的任务是接陈独秀回上海就任中共中央局书记。

一大结束后，中央局根据马林的建议，建立了一个领导工人运动的公开机构——中国劳动组合书记部，创办了一个宣传工人运动的公开刊物——《劳动周刊》。包惠僧被安排在劳动组合书记部参加编辑刊物和制定工人运动计划的工作。

因为此时陈独秀还在广州，中央局书记由周佛海代理。周佛海是一个尚在日本读书的大学生，其他人也都是学生出身，年纪很轻，虽热情很高，却经验不足。马林对中央局的工作很不满意，提出要陈独秀回上海负起中

---

① 《包惠僧回忆录》，人民出版社1983年版，第25页。

央局书记的责任。

不久，马林与张国焘、李达、周佛海开会讨论请陈独秀回上海的问题。包惠僧参加了这次会议。

"马林说，陈独秀当选为中国共产党书记就应尽到责任，要回来担任书记职务，别人代理不行……，国际上没有这样的先例。又说，千万不能做资产阶级的官吏，还没有一个国家的共产党领导人在资产阶级政府里做官。"[①]

会议最后决定，派包惠僧去广州接陈独秀。

包惠僧抵达香港以后，立即改乘火车赶到广州，仍住《新青年》杂志发行部。

包惠僧向陈独秀汇报了上海的情况，转达了马林的意见。陈独秀说他不完全同意马林的意见，但决定回上海。9月9日，广东省教育委员会为陈独秀饯行。

于是，包惠僧陪陈独秀登上了返沪的海船。这次，他在广州只停留了几天时间。

对包惠僧来说，这次漫长的旅行又是一个难得的求教机会。他向陈独秀请教了很多问题。陈独秀不但有问必答，而且精神健旺，情绪高昂。此时他已年逾不惑，谈吐却仿佛一个朝气蓬勃的年轻后生。

包惠僧问：中国革命怎么革法？

陈独秀说：共产主义运动是国际的潮流，共产主义在中国怎样进行还要摸索。由于各个国家情况不同，马克思主义的发展形态也各异，在中国是什么样子还要看发展。

包惠僧问：中国革命的前途怎样？

陈独秀说："中国革命的前途是很遥远的。其实我不过是反对现状而

---

① 《包惠僧回忆录》，人民出版社 1983 年版，第 369 页。

已。我何尝是一个 communist 呢？大家一定要黄袍加身，我也只好干。"①

陈独秀说，他干革命是因为不满现状，尤其不满北洋军阀的乌烟瘴气。

陈独秀对包惠僧说，作为共产党首先要信仰马克思主义，其次是发动工人，组织工人，武装工人，推翻资产阶级政权，消灭剥削制度，建立无产阶级专政。

包惠僧十分钦佩陈独秀博学多识，马克思主义的书读得多。后来包惠僧曾说，当时他在共产党中最崇拜陈独秀，所以陈独秀的思想对他影响很大。

包惠僧同陈独秀谈起了共产国际，也就是第三国际。他告诉陈独秀，马林说中国共产党从成立起就编入了第三国际，是国际的一个支部，你们承认与否没有用。

陈独秀对此很反感。他说：我们没有必要靠它，现在我们还没有阵地，以后工作展开了再找第三国际联系。

包惠僧还同陈独秀谈了武汉党的工作。

经过几天的航行，他们乘坐的海轮驶进黄浦江。船靠码头，正是下午两三点钟的时候。

包惠僧把陈独秀送到渔阳里 2 号家里，然后到马霍路马德里 3 号楼上住下。他让人告诉张国焘：陈独秀回来了。

第三天上午，包惠僧来到南成都路辅德里北边的一个里弄。这里有两栋新建的楼房，中共中央局把它们租了下来，一栋做书记办公室，一栋做组织部办公室。

包惠僧走进书记办公室，只见陈独秀正同一位操江苏口音的年轻人谈话。

包惠僧在一旁坐下来，听了一会儿，才知道他们谈的是中共与第三国际的关系问题。看来，两人的意见颇不一致。

年轻人的态度很谦和，只听他用劝解的口气对陈独秀说："共产主义

① 包惠僧：《思想总结》（第一部分），1950 年。

运动，中国共产党是第三国际的一个支部……"

可他话还没说完，陈独秀就发起火来。"中国的革命要根据中国的历史条件和经济条件来推动，我们一无所有，犯不着戴人家的现成帽子。你的话同马林的话是一样的，我听不进！"陈独秀说着站起身来，戴上帽子要走。

那年轻人连忙站起来请他坐下继续谈，可他还是很不高兴地走了。

陈独秀出去以后，包惠僧上前和那年轻人打招呼，才知道他就是张太雷。两人初次见面，却似旧友重逢。原来，包惠僧去年兼任武昌社会主义青年团书记的时候，张太雷也在天津社会主义青年团任书记，那时各地青年团开会的情况都互相通报，他们彼此从通报上知道了对方的名字。张太雷刚从莫斯科回来，现在担任马林的助手和翻译。

包惠僧这时才知道，陈独秀昨天已与马林会谈，两人谈崩了，特别是在中共与第三国际的关系问题上，发生了很大的争执。

张太雷想缓和僵持的局面，才来劝说陈独秀，殊不知这位大书记竟然怒发冲冠，拂袖而去。他直率地对包惠僧说：

"马林对中国的情况有些不明了，但他是第三国际的代表，是来指导我们的，我们要尊重他。再说中国共产党如果不同第三国际建立正常的关系，那末中国共产党的路线是什么呢？难道说我们还能走独立社会党的路线吗？第二国际那更是臭名远扬的了。仲甫先生太感情用事了。我们一定要说服他，一定要把他和马林的关系搞好。你有机会也可以找仲甫先生谈谈，劝劝他。"[1]

包惠僧感到了张太雷对他的信任。他们两人谈了一个多小时才分手。

后来，包惠僧似乎没有按张太雷的意思去劝陈独秀，因为他"在和马林的接触中，感到他总是以国际代表的身份居高临下，高人一等"。"另外每次开会张国焘都爱当主席，当大家对某个问题争论不休时，张国焘就说，

---

[1]　《包惠僧回忆录》，人民出版社1983年版，第419页。

先记录下来，等马林来了再定，搞得大家很不愉快"。而陈独秀却对大家说，我们不能靠马林，要靠中国人自己组织党，中国革命靠中国人自己干，要一面工作，一面革命。[①]

陈独秀主张一面工作，一面革命，是想在经济上自力更生，不要共产国际接济。正是基于这样的思想，他要包惠僧将来回武汉或是到重庆教书。包惠僧说："我听你的意见。"

在张太雷的斡旋下，陈独秀与马林的会谈继续进行，可谈了三四次，还是谈不拢。

然而不久，两人之间近乎势不两立的矛盾却奇迹般地化解了。化解这对矛盾的是一起突然发生的意外事件。

10月4日吃过午饭，包惠僧和杨明斋来到陈独秀家，柯庆施也在那里。这时，陈独秀正在楼上睡觉，陈独秀的妻子让他们陪她打牌。

刚打两圈，有人拍前门。大家觉得有点蹊跷，因为上海的一般习惯是从后门出入。

包惠僧走过去打开前门，只见门口站着三个"白相人"，说要见陈独秀。

包惠僧感到来者不善，忙说："他不在家。"

高君曼也站起来，说："陈先生不在家。"

来人又说："我们要买《新青年》。"

包惠僧说："这里不卖，大鸣钟下有卖的。"那里是《新青年》杂志发行部。

那几个人不等包惠僧说完，已经走进门来。其中一人指着堆在地上的《新青年》说："这儿不是有吗？"原来，《新青年》当时的印量很大，堆放的地方又很小，很多杂志都放在陈独秀家里。

这时，陈独秀穿着拖鞋下楼来了，见到这情形，便想从后门出去，可

---

① 《包惠僧回忆录》，人民出版社1983年版，第370页。

到后门一看，那里已有人把守，只得回到前庭。

包惠僧他们都有点紧张，但谁也没有说出陈独秀来。

不一会儿，来了两辆汽车，包惠僧和陈独秀、杨明斋、柯庆施、高君曼一起被捕了。

他们被押到法国巡捕房。初审的时候，陈独秀报名王坦甫，包惠僧报名杨一如，其他人也是报的假名。

就在这时，巡捕又押进两个人来。包惠僧一看，都是熟人：一个是邵力子，《民国日报》总编，中共党员；一个是褚辅成，社会名流，同盟会元老。他们也是在陈独秀家被密探抓获的。

陈独秀一见褚辅成，正要示意他说相互不认识，哪知褚辅成已先开了口："仲甫，怎么回事，一到你家就把我搞到这儿来了！"

这一下，陈独秀暴露了。

包惠僧他们被送进牢房。他和陈独秀、杨明斋、柯庆施关在一间，高君曼关在隔壁。邵力子和褚辅成在弄清身份后就释放了。

第二天，公堂会审。法官说包惠僧他们4人是陈独秀的党徒。陈独秀说："他们是我的客人，她是家庭妇女、我的太太，客人陪我太太打牌，有事我负责，和客人无关。"

会审结束，高君曼释放回家，其余4人仍被押回牢房。

在牢里，陈独秀告诉包惠僧，他家里有马林给他的信，如果被搜出来可能要判七八年徒刑，他打算坐牢。他要包惠僧他们出去后继续干，不愿干也不必勉强。他叫包惠僧还是回武汉去工作。

陈独秀被捕的消息，各大报纷纷登载，闹得满城风雨。

马林立即全力以赴营救。他请当时上海著名的法国律师巴和出庭为陈独秀辩护，动用共产国际的活动经费打通法国总巡捕房的各个关节，还让张太雷联络褚辅成、张继等社会名流出面保释。

陈独秀和包惠僧、杨明斋、柯庆施先后被保释出狱。陈独秀关了2天，包惠僧他们 3 人关了 5 天。

10 月 26 日，法庭以《新青年》有过激言论，罚洋 100 元结案。

陈独秀是个极重感情的人，这件事无形中增进了他对马林的感情。此后，他们"和谐地会谈了两次，一切问题都得到适当的解决"[1]，中共开始接受共产国际的领导和经济的支援。

包惠僧出狱以后才知道，他们的获释是马林全力营救的结果。他对马林的看法也改变了。

这是包惠僧平生第一次坐牢，也是最后一次坐牢。

---

[1] 李达：《关于中国共产党建立的几个问题》，《"一大"前后》（二），第 2 页。

第四章

CHAPTER FOUR

初　试

旗开得胜

武昌。蛇山南麓。黄土坡下街 27 号。

这是一幢三底三开间的三层小楼。楼房四周是一片旷野，往北直通闹市区。

这里住着一个特殊的"家庭"：一个主妇，两个小孩，五个男人——一色文绉绉的书生。

包惠僧就是这个"家庭"的成员之一。

包惠僧出狱不久，便从上海回到了武汉。临行时，陈独秀对他说：

"你到武汉去负党的责任兼劳动组合书记部武汉支（分）部主任。今后党不开支经费，只劳动组合书记部接受赤色职工国际的经济支援。你的生活费由劳动组合书记部开支。你今后不要教书或当记者，就做一个职业革命者。"[1]

包惠僧找到了陈潭秋，随后中共武汉地方委员会改组为中共武汉区执行委员会，由他任书记，陈潭秋任组织委员，黄负生任宣传委员。

武汉地委是去年董必武和陈潭秋出席一大回汉后建立的。不久，董必武就以湖北省自治筹备处代表的身份前往鄂西，在那里与国民党人潘怡如、潘正道、詹大悲等领导鄂西自治军进攻盘踞宜昌的直系军阀。所以，包惠僧回来后没有见到董必武。

武汉区委成立了，急需一个办公的地方。包惠僧与陈潭秋、黄负生商量，决定由黄负生出面租一套房子。因为租房子要家眷，他们这一群人中只有黄负生的妻室儿女在这里。

于是，黄土坡下街 27 号的那幢普通小楼，便住进了一个特殊的"家庭"。一个主妇是黄负生的妻子王纯素，两个孩子是他们的一对儿女，5 个

① 包惠僧：《思想总结》（第一部分），1950 年。

男人是包惠僧、黄负生、陈潭秋和他的弟弟陈荫林以及包惠僧崇拜的"黄冈四杰"之一刘子通。

在中共武汉区委成立的时候,中国劳动组合书记部武汉分部也成立了。这两个机构,一个秘密,一个公开,用现在的话说,是两块牌子,一套班子。

包惠僧与陈潭秋、黄负生商定,区委的工作除发展党的组织以外,重点放在组织发动工人运动上。

陈潭秋告诉包惠僧,10月中旬,地委领导了粤汉铁路徐家棚机车处工人的一次罢工,那里工作有基础。

于是,大家把主攻方向定在徐家棚,并决定从办工人夜校入手。

上次领导罢工是秘密进行的,现在可以用劳动组合书记分部的名义公开活动了。他们想最好能取得厂方的支持,可又苦于没有关系。

不几天,黄负生和李书渠找到了一个间接关系。李书渠原来是利群书社的成员,现在是刚发展的新党员。

这个关系叫孙瑞贤,原是汉口致公中学学生。他的父亲是粤汉铁路徐家棚总段机务厂厂长。

包惠僧他们通过孙瑞贤认识了他父亲,又认识了他叔叔。他叔叔是一个在群众中有威信的工匠。

他们说想在徐家棚办一个工人补习学校,厂长兄弟都表示支持。他们便开始筹备起来。

陈潭秋去找校舍,发现了一栋空着的小楼。一问,才知道是施洋两年前为办平民教育修的,一直空着没有用。

施洋是湖北竹山人,著名律师,武汉地区五四运动的领袖人物之一。陈潭秋和他很熟悉,包惠僧也知道"他的性情豪迈,才气纵横,好与人论是非曲直,侃侃而谈,有旁若无人之感"[1]。

---

[1] 《包惠僧回忆录》,人民出版社 1983 年版,第 70 页。

第二天，包惠僧和陈潭秋过江来到汉口后花楼皮业公所左二巷5号。这里是施洋律师事务所。

施洋是个很敏感的人。包惠僧和陈潭秋一说明来意，他就爽快地答应把房子借给他们。紧接着，他又与包惠僧和陈潭秋一道过江到徐家棚，把房子交给他们，什么条件也没提，只说如果学校成立董事会算他一个董事，包惠僧慷慨地答应了。

徐家棚工人补习学校开学了，夜晚开工人补习班，白天开工人子弟班。陈潭秋和他的弟弟陈荫林教英文，李书渠和孙瑞贤教国语和算术。

仿佛沙漠上出现了一片绿洲，补习学校吸引了这里的大部分铁路员工。不久，党组织就在这里发起成立了粤汉铁路工人俱乐部。李书渠担任工人俱乐部文书，常住徐家棚。包惠僧一般隔天去一趟，至少也是一个星期去两次。

徐家棚的工作据点就这样建立起来了。可包惠僧想，这时的粤汉铁路只通车到长沙，规模很小，工人不多，而京汉铁路的线路长，工人多，区委应该把京汉铁路工人作为主要工作对象。他把这个想法告诉陈潭秋、黄负生，得到了他们的赞同。

可京汉铁路一点关系也没有，怎么办呢？

他们又去找孙瑞贤的叔叔，他说他同那边的工人没有任何联系。

他们又过江来到大智门车站和江岸。大智门是京汉铁路的终点站，江岸是铁路上的工厂区。他们想通过作调查接近工人，可也事与愿违。

后来，陈潭秋说他有个本家曾在京汉铁路江岸警务段当过路警，他们又去请他设法同铁路工人联系，结果也没成功。

这时，包惠僧想起他离开上海前夕，张太雷曾说过他有个同学在谌家矶扬子铁厂当工程师。包惠僧想，京汉铁路无门，不妨去扬子铁厂试试，于是去找这位工程师，殊不知此人是十足的书生气，说的尽是设备的构造、生产的流程，全然文不对题。

武汉这么多工厂，这么多工人，却都可望而不可即，包惠僧的心情既焦急，又苦闷。他召集同志们开了好几次会，也没有研究出好办法来。一天，他在一本小册子上看到这样一个故事：列宁在流放西伯利亚时，费了好长时间，组织了5个工人，他很得意地写信告诉莫斯科的同志，说这是工作中的一个很大的成就。包惠僧想：组织群众、发动群众真是一项艰苦的、细致的、复杂的、长期的工作啊！

包惠僧和他的同志们原来想一下子把成千上万的工人发动组织起来，现在看来急躁不得。他们修改了区委的工作计划，确定了"准备条件，等待时机，深入群众，暴露敌情"的工作方针。按照这个计划和方针，他们一面寻找工作对象，一面进行自身的理论学习，同时通过在区委机关刊物《武汉星期评论》及其他报刊发表文章，通过在工厂、码头及公共场所散发《劳动周刊》，对广大工人和其他劳动群众开展宣传工作。

就在这时，汉口租界人力车工人同盟罢工爆发了，包惠僧他们的工作一下子出现了转机。

汉口租界有6000多名人力车工人。他们饱受帝国主义、资本家和封建把头的盘剥压榨，一日劳动所得仅三百文钱，连最低标准的生活都难以维持，可外国资本家还一再增加车租，以攫取更大的利润。5月初，工人们曾为反对增加车租举行过一次同盟罢工，迫使资本家收回了成命。10月，以法商利通、飞星为首的13家车行老板又宣布自12月1日起车租由800文增至1000文。工人们忍无可忍，便从12月1日起全体罢工。罢工刚刚开始，英国巡捕房就拘捕了30多名罢工工人，妄图将罢工镇压下去。

得到罢工的消息后，包惠僧立即召集区委和分部会议，决定全力以赴，领导这次罢工。

他们先派郑凯卿化装成人力车工人去调查情况，接着以《劳动周刊》记者的名义在大智门迎宾旅馆开了一个房间，住在那里就近指挥。

他们把这次罢工的活动分子樊一狗请到旅馆。这是一个50岁左右的老头，腰弓背驼，一身褴褛。

包惠僧向樊一狗询问罢工的情况。

樊一狗讲了事情的详细经过，讲了工人们悲惨的生活，讲着讲着，不禁掉下泪来。

包惠僧安慰他说："你不必伤心，我们帮助你们。第一步，你们可以向老板直接交涉，同他们说理。第二步，可以到工部局去告他们，把反对加租与罢工的理由向工部局提出来。我替你们找一个义务律师，先作合法斗争，再看情形定办法。你看如何？"

樊一狗一听，马上转忧为喜。他激动地对包惠僧说："先生，我们是苦力，谁也看我们不起，你们这样热心帮助我们，叫我们更有劲了！世界上真有好人啊！我们先到茶馆去喝杯茶，告诉了我们的弟兄，再去找律师好吗？"

为了避免暴露身份，包惠僧辞谢了他的好意："不必到茶馆喝茶了。下午一点半钟，你们推出两个代表到后花楼大同旅社隔壁皮业公所左二巷5号施洋律师事务所来，我们在那里等你们。"

送走樊一狗，包惠僧他们找到施洋，说明了来意，施洋二话没说，接受了这个案件。

包惠僧知道请律师是要付公费的，施洋虽然和他们都是熟人，但毕竟还不是同志，不付钱，说不过去，不过他们的经费也很紧，太多的拿不出。他用商量的口气对施洋说，能不能照规定折半给他公费。

施洋马上道："说什么公费呢？这样的事就是贴几个钱，我施洋也不在乎！说真的，我们应该帮助他们。人力车工人是穷人，你这个新闻记者和我这个律师也是穷人。只要有机会，我们这些穷人联合起来，把那些有钱有势的杂种搞一下，也是大快人心的事。"

包惠僧这时是以《劳动周刊》记者的身份出现的，所以施洋这样对他说。

包惠僧

下午一点半，樊一狗来了，还带来两个工人：一个 30 多岁，一个青年人。

施洋听他们诉说以后，双方签订了合同和委托书。

临别的时候，包惠僧又对三位工人说："罢工是反对加租的武器，团结又是罢工的武器，你们一定要团结，要把罢工支持到胜利。你们对于团结把罢工支持下去有把握吗？"

三位工人说，困难不是没有，不过他们可以劝告弟兄们暂时咬紧牙关，找点零活，大家再相互间通挪一下，大概十天八天还不至于发生问题。

这天是 12 月 3 日，罢工的第三天。包惠僧从施洋那里回到旅馆以后，立即替工人们拟了一份罢工宣言和告各界父老兄弟姊妹书，又找到两家通讯社和几个老同行写了几篇报道汉口租界人力车工人罢工情况的新闻稿。这些都刊登在第二天的各大报刊上。

在中共武汉区委和中国劳动组合书记部武汉分部的领导下，罢工斗争有条不紊地进行着。

12 月 4 日，罢工工人成立车夫同业公会，向车行提出三项要求：（一）打消加租议案；（二）准车夫成立车夫会；（三）将车租减为 600 文。随后，罢工工人聚集英巡捕房门前抗议，被拘工人全部获释。

12 月 5 日，罢工工人再次集会，向工部局提交禀呈，要求"追究车行无理加租之罪"，并发出通启，提出"死中求生"，呼吁各界"公道帮助"。

12 月 6 日，法、英两巡捕房又无理拘捕 7 名罢工工人，人力车工人代表会议作出坚持斗争的决定。

12 月 7 日，车夫同业公会以 6000 余名罢工工人组成"租界人力车夫乞讨团"，结队向租界游行示威，获得社会各界广泛的同情和支持。当游行队伍经英、俄租界进入法租界时，法国巡捕竟鸣枪阻截，工人十余名受伤、两名被捕。罢工工人英勇反击，徒手搏斗，殴伤法巡捕 1 名，俘 2 人，缴手枪 2 支、刺刀 12 柄，随即怒捣法巡捕房、车行包车及利通车行老板住宅，后又将法领事馆团团包围，迫使法领事下令释放了被捕工人，工人也将所俘法巡捕送回。

慑于罢工工人的坚决斗争和社会舆论的强大压力，车行老板不得不与罢工工人谈判。谈判桌上，施洋作为罢工工人的代理人，义正辞严，据理力争，直驳得对方理屈词穷，无言以对。最后，达成四项协议：（一）复工3日内免收车租，以补偿工人罢工损失，3日后两星期内不加租价；（二）车行取缔复利（即欠缴的车租要利上加利缴纳），严禁虐待车夫；（三）工人可以成立工会；（四）法领事向中国官厅道歉。

12月8日，在迫使法领事和车行老板答应履行上述协议后，全体工人胜利复工。

12月11日，汉口租界人力车夫工会筹备委员会正式成立，施洋被聘为法律顾问。不久，工人们从资本家赔偿的经费中提出5000元，修建了一幢工会会所。

在中国共产党领导下，从1922年1月香港海员大罢工到1923年"二七"斗争，形成了第一次中国工人运动高潮。而"一九二一年冬粤汉铁路和人力车夫两次罢工，便预报潮汛之将至"。对湖北来说，这两次罢工则"开了当地一个新纪元，职工运动从此有一个顺利的进展"①。

纵使时光流逝，包惠僧作为这两次罢工之一——汉口人力车工人罢工的主要领导人，仍对它的好多细节记忆犹新。他在几十年后撰写的《"二七"回忆录》，对这次罢工的重大意义作了如下的阐述：

"这一次的罢工运动，规模虽然不大，但是对我们开展武汉工人运动却有重大的意义。

"第一，在启蒙时期的工人运动，很不容易发动罢工运动，尤其是人力车工人，差不多是流氓无产阶级，组织更难。这一次的罢工，开始是人

---

① 邓中夏：《中国职工运动简史》，第19页。

力车工人的自发运动，到了中国劳动组合书记部长江支部①的同志参加进去以后，提出了合法斗争的方式，整理了罢工运动的阵容，团结了斗争的力量，争取社会舆论的同情，扩大罢工的影响。先把资方那一向对人力车工人居高临下的气焰压倒，使巡捕房对人力车工人罢工立于第三者的地位，就分散了统治阶级的力量，壮大了罢工运动的声势，才有可能把这一次的罢工运动坚持到底，以至胜利。

"第二，工人团结是罢工运动成败的关键，如果没有有计划的宣传教育，工人的团结，尤其是人力车工人的团结，是很容易发生问题的。罢工坚持到十余日，六千多人力车工人都忍饥受饿，同仇敌忾，这是一种难能可贵的表现，也就是罢工胜利的保证。

"第三，当时的政治环境，工人还没有集会结社的自由，法律上也没有工会法，武汉也没有任何工会。在这一次劳资协议的条款中把'人力车工人组织工会，车行老板不得干涉破坏'列为一款，得到资方的签字，得到巡捕房准予备案，人力车工人工会取得了合法的地位。这是一种政治斗争的胜利，为武汉各种劳动组合创造了有利的条件，给劳动组合书记部长江支部的工作铺平了道路。"②

汉口人力车工人罢工刚刚结束，包惠僧就接到张太雷从上海发来的一份电报，说他们一行二人将乘怡和公司轮船于 12 月 10 日离开上海前往汉口，要包惠僧到码头接船。

包惠僧约陈潭秋到了怡和码头。下午 3 点左右，上海的船到了。他们走上船去，才知道是马林和张太雷。张太雷告诉包惠僧，马林要到广州，然后到桂林去同孙中山会谈国共联合战线的问题，他们不在武汉停留，马上过江乘粤汉铁路火车去广州。

① 即中国劳动组合书记部武汉分部。
② 《包惠僧回忆录》，人民出版社 1983 年版，第 77 页。

包惠僧和陈潭秋叫了一只小划子，同马林、张太雷一块儿过江来到粤汉铁路徐家棚火车站，买了两张头等车票，陪他们上了火车。

车到武昌通湘门，包惠僧和陈潭秋下车。马林握着他俩的手说："我们又在这里见面了，我很高兴，我希望我们下一次在广州见面。"

意外的收获

时届隆冬，郑州的夜来得特别早，又特别冷，不到 8 点，街上的行人就几乎断绝了。这时，在扶轮学校的教员宿舍里，包惠僧正与赵子健等待一个人的到来。

包惠僧是中午从开封来到这里的。

送走马林和张太雷以后，包惠僧就接到中央的一封电报，说是陇海铁路发生罢工，要武汉和北京劳动组合分部的同志迅速赶到开封，会同指导这次罢工。

于是，包惠僧星夜启程北上。可当他赶到开封的时候，这里已经复工一天了。

原来这次罢工是一些工头为要求年终照发双薪搞起来的。第二天路局报经交通部同意，答应年终双薪照发，也就复工了。

包惠僧和北京分部的同志想，罢工既然结束了，就算来庆祝罢工胜利的吧。他们住进了陇海铁路员工俱乐部，打算做些工作。

这个俱乐部不是工人的组织，接待包惠僧他们的大部分是工头。他们颇感为难，可又一想，既然到了这里，又得到热情招待，就相机行事吧。他们把中国劳动组合书记部的工作和任务向工头们作了一些宣传，工头们也表示愿意同他们互相帮助。

在与这些人的交谈中，包惠僧发现一个姓金的工头能说会道，对全国各铁路的情况相当熟悉。

包惠僧同他谈起京汉铁路，他说京汉铁路各方面的人，他都熟悉。

包惠僧心里突然一亮——管他是真是假，试试何妨？便对他说：

"我想了解京汉铁路的情况，准备给《劳动周刊》写点文章，请你介绍一两个在京汉铁路上工作的朋友好吗？最好是工人。我想研究铁路工人的生活情况。"

没想到此人毫不推诿，一口应承下来。不一会儿，他就给包惠僧送来两封信：一封给郑州机务厂的一个工匠凌楚藩，一封给郑州车务处的一个公务员。

真是"踏破铁鞋无觅处，得来全不费功夫"！

包惠僧赶到郑州，找到了在扶轮学校教书的赵子健。他要赵子健把介绍信送给凌楚藩，约他晚上 8 点左右来这里见面。

包惠僧这时与赵子健等待的，就是这位素不相识的铁路工人。

8 点刚到，响起敲门声，客人到了。

包惠僧上前握住凌楚藩的双手，双方都现出激动的神情。

对凌楚藩来说，他一个普通的工人，受到一位劳动组合书记部负责人的专访，他感到有生以来第一次被人看重，心中有着说不出的惊喜。

对包惠僧来说，他梦寐以求的是把京汉铁路工人组织起来，摸索了几个月今天才碰上一位正规的铁路工人，他在他身上寄托着极大的希望，所以感到非常兴奋。

寒暄过后，包惠僧先大略谈了一下陇海铁路罢工的经过，就问起京汉铁路和凌楚藩本人的情况。

凌楚藩十分感慨地谈起铁路工人的遭遇。他说，像他这样的工匠，每天要干 11 小时左右的活，每月工资只有 20 多元，工龄长、技术好的也只拿四五十元。至于小工和临时工，那就苦极了，每月八九元到十一二元，工作时间除正常上班以外，还要额外服役，而且随时有被开除的危险。他说，一般工人的生活都很苦，没有心思干活，觉得机器工人就是机器的奴隶，没有什么前途。

接着，凌楚藩讲了他自己的情况。他中学肄业，18岁当兵，20岁当连长，那个介绍包惠僧来找他的姓金的工头就是他在军队里的同事。后来，他下决心不替那些当官的卖命，脱离了军队，在汉口江岸机务厂当了两年练习生，被提升为工匠，不久调到郑州工作。他说他已经当了6年工匠。

包惠僧听了凌楚藩的一席话后，觉得他是一个饱经忧患的人，也是一个态度热情而有活动能力的人，就对他说出了要说的话：

"工人是世界上最受压迫的人，也是创造世界的人。工人如果能够组织起来，可以改变人类的历史命运。俄国的十月革命，就是工人搞起来的。现在世界各国的工人正在组织活动中，中国也不应该例外，所以我们在上海发起组织中国劳动组合书记部，《劳动周刊》就是中国劳动组合书记部的机关报。我们的任务：第一，调查各地各种各样工人的工作情况和生活情况。第二，宣传鼓动提高工人的生活水平和文化水平，普遍发动组织工人俱乐部和工人补习学校。第三，把工人组织起来，由工人俱乐部和工人补习学校发展到工人自己的组织——工会。工会就是代表工人阶级利益的团体，也就是保障工人权利的组织。世界各国的工人都是这样做，我们也这样做。我们这次来访问您的目的是：第一，是想了解京汉铁路工人的工作和生活情况。第二，想同您商量如何才能把京汉铁路工人组织起来，很想听听您的意见。"

凌楚藩被包惠僧的话吸引住了。他越听越兴奋，不禁站了起来：

"先生，这对我是一件很新鲜的事，也是我们工人的一件大事，我同意您的意见。《劳动周刊》我看过几期，我也想到组织工人的问题，但是我不知道从哪里做起，现在既然有了一个中国劳动组合书记部来发动组织工人，我们就有了依靠了。我想就照中国劳动组合书记部的方式方法，把京汉铁路工人组织起来。我愿意在组织工人的活动中，贡献我的力量。你看我能干什么呢？"

"我们先把郑州这一段的工人组织起来，怎么样？"包惠僧见对方如此积极热情，说出了自己的设想。

"我们还可以把江岸总段的工人组织起来。"

"江岸方面的工人，你认识的或有交往的有多少人？"

"我有个把兄弟在江岸做翻砂匠，还有不少的朋友。无论是福建帮、江南帮、湖北帮，我同他们都处得不错。因为我是个湖南人，是一个超乎帮口以外的人，所以我在江岸方面的人缘很好，我对这方面还有些办法。"

还在上海的时候，包惠僧就知道各工厂都有地方性帮口，工人大多在帮，你去组织工人，接近了这一帮就很难接近另一帮，所以帮口问题成了困扰工人运动的一大难题，凌楚藩既然有这等办法，那真是太好了。

于是，包惠僧同凌楚藩商定，先以郑州、江岸两个总段为工作据点，郑州方面由凌楚藩负责，江岸方面由凌楚藩介绍几个朋友，组织工作由包惠僧负责。

谈到 11 点，双方仍觉言犹未尽。凌楚藩要包惠僧再住一天，明天他再约两个弟兄来商谈一次。

包惠僧见找到凌楚藩已经解决了问题，就没去找那个车务处的公务员了。

第二天晚上，凌楚藩果然带来两个弟兄。一个叫王宗培，是个翻砂匠，湖北人，曾在江岸工作过，对江岸情况很熟悉。一个叫刘文松，是个火车司机，河北人，因为经常在火车头上工作，对全路的情况都很熟悉。

凌楚藩把他们介绍给包惠僧，然后对包惠僧说："我们昨夜所谈的话，我已同他们谈过了，他们都同意我们昨夜所谈的意见。郑州方面暂由我们三个人负责联络，江岸方面也找出几个负责的人来，先把这两个总段组织起来，将来各站的组织，由江岸向北发展，由郑州向南发展，先把郑州以南的各站各厂组织起来，再由郑州向北发展。长辛店方面原来有个工人补习学校，或许已经有了初步的组织。"

包惠僧表示赞同他们的意见，说："北段的组织可由中国劳动组合书记部北京分部负责，我们分头进行。"

这时凌楚藩指着赵子健对包惠僧说："能不能请赵先生帮我们做些联系和文书工作？"不等包惠僧开口，赵子健已爽快地答应了。

次日上午，包惠僧乘车南下，凌楚藩和王宗培到车站送行，带来了写给江岸几位朋友的信。

上车后，凌楚藩在车上找来一个加油工人。他告诉包惠僧，车到江岸是黄昏时分，刘家庙小巷多，又没路灯，夜晚找人很困难。他要那个加油工人把包惠僧送到目的地。

安顿好包惠僧后，凌楚藩和王宗培走下车厢，他俩站在车窗外，又反复叮嘱包惠僧到江岸后要注意的事。列车开动了，他俩同包惠僧在窗口紧紧握手道别，像相交多年的老朋友一样。包惠僧直感到一股暖流从双手流遍全身，眼圈都有点湿润了。

列车开出车站，那个加油工人来到车厢和包惠僧攀谈起来。他叫田福生，福建人，在京汉铁路工作了3年多，家就住在刘家庙。他讲了很多关于江岸各厂各处的情况，包惠僧感到特别新鲜。从田福生的谈话中，包惠僧又了解到一些各帮不和睦的情况，他不禁生出几分担心。

田福生同包惠僧谈了一会儿，就干事去了。包惠僧凝望着窗外迎面扑来的远景近物，陷入久久的沉思之中……

得意楼聚会

列车6点多钟到达江岸，包惠僧同田福生走出车站，已经对面看不见人影了。他从心底里感谢凌楚藩想得周到，要不，这人生地不熟，又黑灯瞎火的，莫说找人，就是走路也寸步难行。

田福生把包惠僧带到杨德甫家。杨德甫就是凌楚藩说的那个翻砂匠，他们是把兄弟。

田福生介绍以后，包惠僧把凌楚藩的信交给杨德甫，说明了来意。杨德甫非常热情，执意要请他到得意楼吃晚饭，还叫人去请陪客。

包惠僧无法推辞，只好客随主便。他同杨德甫来到得意楼。不一会儿，陪客来了。杨德甫先把包惠僧介绍给他们，然后把他们一一介绍给包惠僧。他们叫黄桂荣、姜绍基、曾玉良、张连光、黄子坚，都是杨德甫的好朋友。这几个人中，曾玉良的年纪跟杨德甫差不多，40 岁开外，其余都只 30 多岁。他们称杨德甫、曾玉良师傅，对杨德甫更客气一点。

事后包惠僧了解到，杨德甫是湖北帮的领袖。他工龄长，手艺好，徒弟多，又喜欢结交人，有点个人英雄思想，在工人中很有点威信。

杨德甫讲了包惠僧的来意，又把凌楚藩的信给大家看。看过信后，几个人都说："好！我们应该组织起来。"

席间，包惠僧把在郑州同凌楚藩讲的那些话说了一遍。大家听后，情绪更加高昂起来。

黄桂荣说："我同意把江岸的工人组织起来。组织起来，我们才有力量！不过。今天到的人还不够齐全，我们要在各厂各处找出各帮负责的人商量一下。这是个大事，要大家同心协力，才搞得好。"

姜绍基接着说："要不，我们在这一两天内找几个各帮负责的人在杨师傅家里商量一下，定一个日子，我们到包先生府上拜访，就便商量组织起来的办法，怎么样？"说到这里，他用目光扫视了一圈，然后对着包惠僧微笑。

包惠僧马上意识到，他们是想了解他是什么样的人，中国劳动组合书记部武汉分部是什么样的团体。他爽快地答应道："很好！下星期日我就在家里准备便饭，候诸位光临。"

双方谈得很投机，不觉已到 11 点半，包惠僧回武昌黄土坡机关已经不能过江了，杨德甫留客人到他家住。包惠僧想，他同杨德甫都是湖北人，恐怕福建、江南两帮的工人看了不顺眼，就说去找旅馆。

姜绍基要包惠僧到他宿舍去住，他说他同黄子坚住一间房，两人都是光杆。

包惠僧想，这也是一个机会，同他们个别谈谈，也好进一步了解他们各帮之间的矛盾，找到解决矛盾的办法。他接受了姜绍基的邀请。

大家把包惠僧送到姜绍基的宿舍，又坐了一会儿，才握手道别。

送走众人以后，包惠僧又同姜绍基、黄子坚谈起各帮的情况和工人的生活工作情况，很晚才睡觉。

第二天早晨6点，姜绍基和黄子坚进厂上班，包惠僧也动身过江。他赶到机关，还不到8点，大家都迎上来问长问短。

黄负生说："你出门一星期多了，也没来信，我们还怕你在陇海路上出了危险咧！"

包惠僧便把这一星期的活动情况给大家一五一十地说了一遍。

大家听了都很高兴。陈潭秋说："这一炮算轰开一条路了！"

过了3天就是星期日。上午8点到10点，包惠僧主持了例行的区委和分部工作汇报会。会议结束后，包惠僧和陈潭秋、黄负生、李汉俊留下来，准备接待京汉铁路江岸总段来访的工人。李汉俊是不久前到武汉的。

11点左右，客人来了。除了那天晚上陪包惠僧吃饭的几个外，还有一个他不认识的人。此人看上去30多岁，身材不高却很强壮，两眼凹陷却有光芒。杨德甫给他介绍说："这是林师傅，我们多年的老伙伴。他的名字叫林祥谦。"

包惠僧同林祥谦握手后，便把客人们一一介绍给陈潭秋、黄负生和李汉俊，接着又把他们一一介绍给客人们。

大家坐下来，谈话开始了。

先是主人讲。包惠僧讲了一些工人运动的理论和方法，又介绍了中国劳动组合书记部的工作和方针。李汉俊讲了一些世界各国工人运动的简单情况。陈潭秋和黄负生分别讲了些组织京汉铁路工人工会的意义。

接着客人谈。他们详细介绍了江岸总段各厂各处的情况和各帮口不和睦的历史原因。这时包惠僧才知道黄桂荣和林祥谦分别是江南帮和福建帮的领袖。

针对各帮口不和睦的问题，包惠僧和陈潭秋、黄负生、李汉俊又谈了一些意见，客人们听了都很感动。

最后，大家商定了这样几条：（一）由今天到场的人为发起人，进行组织京汉铁路江岸工人俱乐部的工作。（二）各帮负责人继续征求江岸工人俱乐部的发起人。（三）由劳动组合书记部介绍一个适当的人担任江岸工人俱乐部的文书和联络工作。（四）俱乐部成立以后再筹备建立京汉铁路江岸工会，并以江岸为起点向北发展，待各段各站的工人俱乐部组织相当成熟时，再进行筹建京汉铁路总工会的工作。

吃过午饭，包惠僧他们又给客人们谈了一些各地工人运动的情况，才握手道别，临别时约定包惠僧下星期日到刘家庙听取工作汇报。

派一个人到江岸担任文书和联络工作，是杨德甫提出来的，因为江岸工人多，地方大，他们每人都得按时上班，不可能脱产搞工会工作。包惠僧也觉得文书和联络工作实际上就是组织工作，十分重要。他后来召集同志们商量了好几次，可就是找不到一个合适的人。正在包惠僧为这事发愁的时候，他收到了一位青年工人的来信。

江岸春早

来信人叫项德隆，自称是《劳动周刊》的读者，武昌模范大工厂的纺织工人。他说想同包惠僧谈谈工人运动的问题。

包惠僧把信给陈潭秋等几个人看了，大家都很高兴，决定马上复信，约他下星期日下午来，由包惠僧接谈。

项德隆如约来访。他同包惠僧一口气谈了两个半小时。他从他的家世、读书一直谈到在模范大工厂当学徒、当工人。他说工厂的黑暗、工人的痛苦太多了，他读了《劳动周刊》，才知道中国工人也要组织起来，他愿意在这方面努力，希望得到包惠僧的指导。

包惠僧还很少见到这样有思想有抱负的青年工人。他安慰了他一番，又鼓励了他一番，接着给他介绍了劳动组合书记部的任务，约他给《劳动周刊》写稿。临别的时候，又送给他几本新青年杂志社出版的丛书，并约他下星期日再来。

第二天，包惠僧到徐家棚同李书渠谈起会见项德隆的情况，李书渠说项德隆是他小时候的同学。包惠僧要李书渠下星期日到机关去，一起同项德隆谈谈。

第二次接谈的时候，包惠僧提出了吸收项德隆参加劳动组合书记部工作，并派他到江岸担任京汉铁路工人俱乐部筹备工作的意见。项德隆愉快地接受了任务。

几天以后，包惠僧送项德隆到江岸上任，同时参加江岸京汉铁路工人俱乐部第二次筹备会。

路上，包惠僧又同项德隆谈起江岸铁路工人中的帮口问题，叮嘱他在工作中要注意联系各帮的领袖人物，尽量调和帮口之间的冲突，逐渐消解帮口之间的矛盾。项德隆说，这样的情况各工厂都有，只要方法得当，总可以大事化小，小事化无的。

筹备会上，包惠僧首先介绍项德隆与大家见面。会议当场决定聘项德隆为工人俱乐部筹备委员会文书，月支生活费 15 元。项德隆马上担任会议记录。

会议通过讨论，决定正式成立江岸京汉铁路工人俱乐部筹备委员会，推定杨德甫、黄桂荣为筹备委员，林祥谦为财务干事，周天元为庶务干事，曾玉良为交际干事。这些人事安排，都是包惠僧他们事先同各帮口协商，平均分配的。

一个星期以后，包惠僧再到江岸，这里已租定龙王庙为俱乐部筹备处的办公地址，招牌也挂出来了。俱乐部分象棋、围棋、军棋、乒乓球、篮球、京戏、讲演等若干组，还办了一个业余夜校，项德隆自任教员。

自从上次会议以后，项德隆就把俱乐部的筹备事务全部担当起来了。听大伙儿反映，他能说会写，又能吃苦耐劳，不但与各帮领袖人物处得很好，而且同各方面的关系都搞得不错，包惠僧感到十分欣慰。不久，包惠僧介绍他加入共产党，他把自己的名字改为项英。后来，项英又作为武汉党组织的代表，出席了中共第二次全国代表大会。

1922 年 1 月 22 日，星期天，江岸京汉铁路工人俱乐部举行成立大会。

包惠僧和李汉俊很早就过江来到刘家庙。刘家庙是距汉口约 7.5 公里的一个小集镇，街道很窄，居民不多。这天虽是大雪初化，满地泥泞，可除了参加大会的工人以外，镇上的男女老少都来了，会场内外，人山人海。小镇从来没有像今天这样热闹，人们从来没有像今天这样高兴。春天，提前来到了江岸。

会场设在龙王庙正殿。包惠僧老远就看见殿门口矗立着一座用松柏枝扎成的牌坊，上挂"庆祝江岸京汉铁路工人俱乐部成立大会"横标。走进大殿，又看到主席台正中悬着一块红底黑字匾额，上书"劳工神圣"四个大字，两旁是一副对联，上联"劳动创造世界"，下联"机器巧夺天工"。整个会场显得富丽堂皇，气派不凡。

参加会议的除全体工人以外，还有江岸总段各厂的厂长、京汉铁路各站各厂的工人代表和武汉各工团的代表，他们都是应邀前来的嘉宾。

包惠僧是代表中国劳动组合书记部出席大会的。他在大会的讲话中重点介绍了全国各地工人组织工会的情况。因为这时中国的工人运动尚处于启蒙时期，还在"组织起来"的阶段，所以他没有提"阶级斗争"和"无产阶级革命运动"。

李汉俊是以汉口市政督办公署总工程师的身份应邀出席的。他在大会上讲话的内容是日本工会与中国工人运动的情况。

看到大会的盛况，包惠僧从心底感到快慰。为了这一天，他和同志们操了多少心，费了多少力啊！他想，下一步就该着手建立江岸以北各站工人俱乐部，并进行京汉铁路总工会的筹备工作了。这时，他突然感到一种无可名状的沉重。

包惠僧深知，建立工会并不像建立俱乐部这么容易。本来俱乐部是工会的雏形，但要发展成工会还有不少困难。这些困难中最主要的是两个：第一，工人没有集会结社的自由，法律上也没有工会法，建立工会是"非法"活动，势必遭到军警干涉；第二，工人本身的阶级觉悟还不高，封建意识造成的帮口还严重影响着工人的团结。这些问题带着普遍的性质，不仅京汉铁路是这样，其他铁路和厂矿也是这样。这些问题不解决，组织工会几乎是不可能的。

包惠僧召集区委和分部会议反复研究，确定了战胜这些困难的对策。第一个困难是政治问题，他们打算采取两种策略解决：一方面，充分利用吴佩孚1921年与李大钊洛阳会谈后发表的"保护劳工"通电，大张旗鼓地进行公开宣传活动；另一方面，工会的组织活动采取秘密的方式。第二个问题是工作问题，他们决定分两步进行：第一步，联络各帮领袖人物，调和各帮之间的冲突；第二步，进行"工人无祖国"的教育，团结工人，瓦解帮口。

按照这样的思路，包惠僧和他的同志们在京汉铁路、在武汉的一些工厂和工人中，展开了更加广泛、更加深入的工作。

就是这时，黄土坡下街27号来了一位穿长衫的湖南客人。他就是中共湖南支部书记、中国劳动组合书记部长沙分部主任毛泽东。

毛泽东是为湖南劳工会领袖黄爱、庞人铨被害之事，赴上海组织反对湖南省省长赵恒惕的运动，途经武昌在这里暂住的。一个月以前，黄爱、庞人铨因领导湖南第一纱厂工人罢工，被赵恒惕杀害。

包惠僧和陈潭秋、黄负生及这个"家庭"所有的人，热情接待了这位兄弟省党组织和劳动组合书记分部的负责人。他们在朝夕相处的一个多星期里，交谈了很多很多。

这是包惠僧与毛泽东的第二次见面。第一次见面在去年的一大，毛泽东留给他的印象是"老成持重，沉默寡言，如果要说话即是沉着而有力量"①。此前此后，他都与毛泽东有工作上的信件往来。

工作余暇，包惠僧陪毛泽东逛了几次街，还在柏寿巷对面一个小馆子里吃了一顿湖北风味餐。他给毛泽东介绍了京汉铁路和武汉的工人运动情况，毛泽东也给他介绍了黄庞事件和湖南的工人运动情况。毛泽东说，劳动运动要采取产业联合的方式，京汉铁路工人与粤汉铁路工人必须密切联合。包惠僧十分赞同毛泽东的意见。

送走毛泽东以后，包惠僧又同陈潭秋、黄负生商定，在武昌、汉口社会主义青年团的基础上组建中国社会主义青年团武汉地方执行委员会，以更好地发挥青年团组织在组织、宣传工人和开展其他群众运动方面的作用。

团地委下设劳工运动、学生运动、妇女运动、军人运动、社会教育5个委员会，后来为进一步调查工人情况，又增设临时调查委员会。包惠僧和陈潭秋亲自参加调查委员会的活动，分别深入工厂、铁路、轮船了解了大量情况，为组织工人做了大量工作。

5月1日，团地委协助区委在武汉组织首次纪念国际劳动节活动。纪念活动中，团地委以武汉中学、中华大学名义举办游艺大会，通过武汉学联邀请李汉俊作劳工运动史讲演。包惠僧和陈潭秋、林育南等人分别在报

---

① 《包惠僧回忆录》，人民出版社1983年版，第27页。

刊发表纪念文章，集中介绍世界工人阶级的斗争历史和马克思的科学社会主义理论。

为了用群众喜闻乐见的形式更好地宣传马克思主义，团地委还组建了青年戏剧社。包惠僧与陈潭秋、林育南等 18 名发起人在《大汉报》发表青年戏剧社成立宣言，宣布该社以"发扬艺术，改造社会"为使命，努力提倡、研究和排演新剧，宣传革命思想。

通过这一系列工作，工人运动发展起来了，青年运动发展起来了，其他群众运动也如火如荼地发展起来了。

喜讯一个接一个：京汉铁路江岸以北、郑州以南各站的工人俱乐部相继建立，京汉铁路总工会筹备会议胜利举行。

捷报一张接一张：汉口租界人力车夫工会成立，徐家棚粤汉铁路工人俱乐部成立，汉口扬子江铁厂工会、汉口英美香烟厂工会、汉口谌家矶扬子机器厂工人俱乐部等 20 多个工团相继成立。

就在各项工作顺利进行，革命形势蓬勃发展的时候，包惠僧他们那个特殊的"家庭"发生了一件不幸的事——他们的亲密战友黄负生病逝了！

包惠僧虽然与黄负生相识才一年多，共事的时间更短，却对他非常了解。黄负生原籍安徽，后随父宦游落籍湖北。辛亥革命武昌起义时参加新军。1917 年应聘到中华大学讲授国文，与恽代英结为挚友，参与组织互助社。1919 年投身五四运动。1920 年参与创建利群书社。1921 年初与恽代英、刘子通创办《武汉星期评论》，不久加入武汉共产党早期组织。《武汉星期评论》的编辑工作主要由他承担。这个刊物与毛泽东、蔡和森在长沙创办的《湘江评论》，都积极宣传新文化，传播马克思主义，像一对盛开在长江中游的并蒂莲，在全国影响很大。所以毛泽东前不久来这里时曾说："湖南有个蔡和森，湖北有个黄负生！"

黄负生原本就是体弱多病，搬到这个新"家"以后，他更是强撑着病体，拼命地工作。包惠僧说："你不能这样不要命地干，要注意身体！"他

包惠僧

却笑着说："你们不也这样干吗？这是武昌式的革命精神！"

他终于倒下了，永远地倒下了！他临终时说："我此次大病，包惠僧、陈潭秋、刘子通及诸同志照拂我较亲手足，情分尤为浓厚……"为了表达对战友的谢意，他留给包惠僧一部《绝妙好词》，留给陈潭秋一册《吴虞文录》、一部《明末四百家遗民诗》，留给刘子通一部《胡适文存》，留给郑凯卿十册《觉悟》。

在黄负生的遗物中，包惠僧看到了一封绝笔书，这是黄负生几个月前写下的：

朋友们：

……推翻现社会，建设新社会，除了诸君还有谁呢？我深望诸君切实负起这重担子，向着腐旧而万恶的社会，勇敢地开放九十九生的大炮向大地轰斗起来。我知道你们必能成功；因为你们是有这种希望的人。我是失败了的人，只好暝目地下，遥祝诸君的成功！

十一、一、十四，负生绝笔

热泪盈眶，却终于没有流出。包惠僧知道，战友希望的不是眼泪，而是完成他未竟的事业。

他们安葬了战友，然后在墓前栽上了一株战友生前喜爱的木芙蓉。

这时，包惠僧的耳际又响起了战友那脍炙人口的诗句：

> 木芙蓉，
>
> 红灼灼，
>
> 今日颜色犹如昨。
>
> 今日之花今日开，
>
> 昨日之花尽枯落。
>
> 寄语看花人：
>
> 管他什么今日与昨日！

管他什么荣华与枯落！

你只在这黄叶秋林中，

看取伊们的颜色，

天天是一样的红灼灼！

紫禁城下

料理完黄负生的后事，包惠僧和他的同志们又投入了夜以继日的工作。

正当他们准备着手组织武汉地区各工团成立地方总工会，同时派人到大冶发展党组织的时候，包惠僧接到中央通知，要他立即到北京找李大钊接受新的任务。

包惠僧赶到北京，来到马神庙沙滩。这里紧靠紫禁城的东北角楼，是北京大学所在地。3 年前他在北大中文系旁听时就住在这里。

包惠僧走进北大第一院宿舍对面的一间民房。这里是中共北京区委机关。区委的范鸿劼和邓中夏接待了他。

晚饭后，邓中夏陪包惠僧来到石驸马大街后宅胡同 35 号李大钊的家。

这是包惠僧第一次见到李大钊。后来，包惠僧曾如此描述他对李大钊的第一印象："他的身材高大，态度温和；平顶头，椭圆脸，八字浓密的胡须像漆一样黑。穿一件爱国布深灰色的长夹袍，脚步很沉重，说话的声音很低。"[①]

李大钊一面亲切地同包惠僧、邓中夏握手，一面关心地询问包惠僧的住宿安排情况，包惠僧一一作了回答。

包惠僧急于想知道交给他的究竟是什么任务。李大钊看出了他的心情，

---

① 《包惠僧回忆录》，人民出版社 1983 年版，第 358 页。

笑着对他说："你把京汉铁路南段的工作展开了，我们很高兴。中央为了你们在工作上的方便，由我设法把你们5个同志安置在交通部，职务虽然很小，可是很自由，对工作上很方便。"

李大钊同包惠僧谈的，是中共中央进一步组织工人运动的一个重要举措。第一次直奉战争以后，直系军阀吴佩孚控制了北京政府，原来的交通系内阁倒台。交通系是长期把持全国铁路的一个官僚集团，它的爪牙布满各条铁路。吴佩孚为了肃清交通系的势力，决定在北方6条铁路设立稽查员，调查交通系的活动及其骨干人物的情况。中共中央便趁此机会，利用李大钊与直系一些上层人物的私交，将5名党员干部安排在交通部担任稽查员，以此为掩护开展工人工作。

李大钊从写字台抽屉内拿出一张交通部的委任状给包惠僧，对他说："你明天就去办理到差的手续，把几个主管的人联系好了，他们就会发给你一切证件和免费乘车证，你就可以自由自在地往返在京汉铁路上；对武汉方面的工作任务也没有妨碍。不过你必须要找一个得力的助手，好同各方面密切联系，使工作顺利开展。你的工作面很宽，接触的人很复杂，要注意待人接物的态度，不要向反动派暴露了自己的政治面貌。"

包惠僧虽然接过了委任状，心中却一片茫然，他想自己虽然阅世较深，却从来没有进过衙门，没有同那些大人先生们打过交道，这是一条完全陌生的路，真不知这个工作从何做起。

李大钊已经看出了包惠僧的心思。他接着又轻声慢语地讲了一大段话。包惠僧像一个用功的小学生听课一样全神贯注。听完这一段话，他的心情变了，虽然不能说思想上的问题全都解决了，但眼前分明有了一条渐渐清晰的路。

谈完工作，包惠僧又同李大钊谈起吴佩孚通电"保护劳工"的事。李大钊笑着说："吴佩孚到底还是吴佩孚，我们不要对他存幻想。去年我到洛阳同他会谈一次，他发出了那样一个通电，就算不虚此行了。"

不知不觉已到 10 点半钟，邓中夏示意包惠僧告辞。李大钊把他们送到门外，又对包惠僧说："在工作上遇到什么困难时我们再商量，我们可以经常联系，我每天夜晚多半在家。"

第二天，包惠僧和另外 4 位同志来到交通部。他们是张昆弟、安体诚、陈为人、何孟雄。为了不暴露身份，他们都用了化名。包惠僧化名包一宇，分配在京汉铁路工作。

在交通部里，包惠僧十分谨慎，不同任何人拉扯关系。然而，交通总长高恩洪却经常召见他，有时还约他到家里交谈，对其他几位同志也是一样。包惠僧曾听李大钊说，高恩洪是学科学的，还有书生本色，没有时下的政客气息，他痛恨交通系的贪赃枉法，想把交通部所属各部门严格整顿一下。

包惠僧经常向李大钊汇报交通部和京汉铁路的情况。李大钊叮嘱他要同周围的人搞好关系，最好多拉些人作掩护，免得孤立。后来，包惠僧他们的名义改为育才科视学，育才科新上任的科长黄统是李大钊在日本时的同学，李大钊特别关照包惠僧同黄统密切联系。

工作安定下来以后，包惠僧举行了他的第二次婚礼。他这次结婚的妻子叫夏松云，江苏高邮人，湖北省立女子师范学校教员。为了包惠僧，夏松云丢掉了女师的教职。

结婚以后，他们在骑河楼斗鸡坑一个小公寓内租了一间房。离家十多年来，包惠僧第一次感受到家庭的温暖。

然而，包惠僧没有沉溺于温暖的小家庭，仍旧奔波在北京到汉口的千里铁道线上。

京汉铁路的工作进展很快。8 月 10 日，京汉铁路总工会正式筹备会议在郑州举行。包惠僧以中国劳动组合书记部武汉分部代表身份出席会议。

这次会议正式成立了京汉铁路总工会筹备委员会，通过了《京汉铁路总工会章程草案》。

张国焘也从上海来到郑州，参加了这次会议。他是以中国劳动组合书记部主任的身份出席的。

会上，包惠僧同张国焘发生了公开的冲突。

这个冲突不是偶然的，它是包惠僧长时间来形成的一种观点的必然结果。

1923 年 2 月，京汉铁路工人大罢工爆发、二七惨案发生。

罢工被镇压下去以后，党组织一方面进行善后救济工作，一方面利用合法形式在北京展开了政治宣传斗争。这项斗争由包惠僧和刘子通、范鸿劼具体负责组织。他们首先组织工人到参、众两院请愿，然后通过众议院的几名湖北籍议员发起向国会提出了两个提案，这就是对镇压罢工的刽子手萧耀南、赵继贤的弹劾案和争取工人集会、结社、罢工自由的劳动立法案。这两个提案虽然没有通过，但在政治宣传上起了相当的作用。

殊不知就在这时，高恩洪去职，吴毓麟继任交通总长，他要以鼓动工潮的罪名追究包惠僧他们 5 个人的法律责任。

在这关键时刻，育才科长黄统出面了。他多方解释斡旋，证明包惠僧他们 5 人在二七工潮期间天天到部办公。这样他们才幸免于难，仅以鼓动工潮嫌疑被解职。此时，包惠僧才理解李大钊当初的良苦用心。

包惠僧被解职以后，他那个小家庭的生活来源也断绝了，因为夏松云还没有找到工作。包惠僧只得请刘子通介绍，到北京《宪报》当主笔。两个月后，组织上通知他离开《宪报》，因为当时中共中央正在与孙中山洽商国共合作事宜，而《宪报》是陈炯明办的，陈炯明这时已背叛了孙中山。

离开《宪报》以后，包惠僧只好去找黄统，黄统给夏松云在唐山扶轮学校找了个教员的职位。

就在这时，中央对包惠僧的问题作出了决定：免予处分，调北京区委工作。随后，北京区委改选，包惠僧当选为区委委员兼秘书。

不久，北京区委接到中央通知，中央决定在广州举行第三次全国代表大会，要各地选举代表按时出席。

1923 年 6 月 12 日至 20 日，中共三大在广州举行。大会决定接受共产国际执行委员会于本年 1 月 12 日通过的《关于中国共产党与国民党的关系问题的决议》，决定全体共产党员以个人名义加入国民党，以建立各民主阶级的统一战线。不久，包惠僧经李大钊介绍加入国民党。

北京区委的工作在二七大罢工以后，经过一番整顿，渐渐上了轨道，包惠僧感到干得很顺手。另外，他的妻子怀孕已近临产，他将第一次尝到做爸爸的滋味，也感到由衷的快慰。

就在这时，包惠僧接到一封上海来信。他那平静的心湖，又泛起了层层涟漪。

雁南飞

信是中共中央来的，内容是调包惠僧回武汉工作。李大钊把这封信转给了包惠僧。

几乎在这同时，包惠僧还收到项英写的一封信。项英这时是中共武汉区委委员，在几个月前举行的中共三大上，又当选为中央委员。项英已经知道了包惠僧调武汉的消息。他在信中介绍了武汉的情况，希望包惠僧快点到任。

对于这次调动，包惠僧本来就不愿意，因为他的妻子即将分娩，他已把她从唐山接回北京，准备住进协和医院，他想请求中央不调动或者缓调动。项英的来信则把他的这个想法变成了行动，因为信中说武汉的工作困难很大。他给中央写了报告。

可是，中央没有批准包惠僧的请求。李大钊约包惠僧到他家里，把中央的第二次来信交给他。

李大钊说："工作在哪里都是一样，只要党需要我们到哪里我们就到哪里，服从党的调度就是服从党的纪律，也就是党性的体现。这些大道理你都知道，也不必我多说。至于你爱人分娩的问题，我们大家都可以照顾，你不要担心。除此以外，你还有什么困难吗？"

包惠僧说："我是觉得武汉的工作比较难做。"

李大钊说："现在就是因为工作上有困难所以调你去，难道说我们共产党人还怕什么困难不成吗？"

包惠僧再不好说什么了，答应一两天内就动身南下。中央要他到武汉前先到中央去一下，于是他先到了上海。

1923年10月，正是北雁南飞的时节，包惠僧回到了武汉。一踏上故土，他便觉得心情好了许多。

二七惨案以后，中共武汉区委委员长陈潭秋等党的主要负责人被迫转移离汉，中央派李能至（李立三）到汉继任武汉区委委员长。在极端艰苦的条件下，区委领导各级党组织和广大党员坚持斗争，除工人运动以外，党的各项工作仍在向前发展。中共三大前后，区委所属武昌、汉口两地委的党员人数都有较大增长，党的组织开始由城市和工矿区向农村发展。

包惠僧到武汉以后，区委即根据中央指示进行改组。就在开会选举的时候，项英接到一封中央来信，信上说要包惠僧负责国民党改组的工作，希望李立三能继续当选区委委员长。但结果却是包惠僧当选。

包惠僧又以为这封中央来信是"张国焘小组织"搞的鬼，所以他一接任区委委员长，"就把有张国焘小组织嫌疑的人都换掉了"，"仍派李书渠（即李伯刚）回徐家棚粤汉铁路工会，京汉路工会仍由项英负责，李立三参加国民党改组的工作"[①]。

因为国民党改组的工作有李立三负责，包惠僧便把主要精力放在工人运动的恢复和发展上。通过一段时间的工作，江岸和徐家棚的铁路工人、

---

① 包惠僧：《思想总结》（第一部分），1950年。

硚口的染织工人、汉阳和大冶的钢铁工人、汉口的人力车工人以及码头工人、花厂工人都秘密恢复了工会组织，汉口人力车工人、英美香烟厂工人以及槽房、织巾、铜货、花布、油纸等行业的工人还相继为增加工资、改良待遇举行了罢工，武汉的工人运动开始复兴。

恢复和发展工人运动是一项非常艰巨的工作。二七惨案以后，当局明令禁止工人集会，工人运动不得不转入地下。京汉铁路的工作尤其艰难，这除了那里是当局注意的重点之外，还有罢工善后工作中的一些问题对党与工人之间关系的影响。

京汉铁路工人罢工失败以后，各国共产党和赤色工会捐赠了一批援款，各地党组织也在国内募集了一些捐款。由于缺乏经验，党组织仅在京汉铁路失业工人中组织了一个济难委员会来处理这批款项，而后也没有监督稽查，结果出现了救济费发放不公平、不恰当乃至贪污浪费、卷款潜逃的问题，少数工贼又乘机造谣挑拨，引起了一些失业工人对党组织的强烈不满。陈独秀曾在《向导》上写了一篇题为《我们对于造谣中伤者之答辩》的文章辟谣，也没有解决问题。

包惠僧一到武汉就遇到了这个问题。他觉得与杨德甫关系不错，便找杨德甫解释，可越解释误会越多。他们总以为共产党还掌握有好多钱不给他们用。

包惠僧刚到武汉的时候，区委机关设在日租界，这里住着京汉铁路的几个失业工人，工作很不方便。他们起草重要文件要等一般人睡静了以后才能写，重要会议要到刘伯垂的律师事务所去开。刘伯垂这时也是武汉区委委员。

后来，机关迁到三元里一个秘密的地方，那几个工人又找上门来。包惠僧和项英费了好多口舌跟他们解释，甚至当衣服给了他们钱，他们还是不满意。

一天晚上，包惠僧正同项英在机关商量工作，两个失业工人闯了进来，要包惠僧到茶馆同他们说话。

包惠僧知道他们要找麻烦，正要开口，项英上前说道："你们的事我负责，他不管。"

这时，其中一人竟破口大骂，说："京汉铁路的乱子是包惠僧搞起来的，无论如何他不能不负责任，要不然我们就拼！"说着就动手要打包惠僧。

包惠僧仍心平气和地跟他们解释，最后与项英凑了5块钱给他们才下台。

包惠僧想，像这样下去要出事的。果然，过了几天，几个警察来查户口，接着又有一个陌生人挨户打听姓包的，他只得到日租界一个朋友家住了几天。

包惠僧不得不召集区委会议讨论这个问题。会上，他提了两个办法：第一，建议中央先把杨德甫等人介绍到国民党汉口市党部工作，把处理京汉铁路失业工人的事交给杨德甫负责。第二，建立一个秘密机关部，党的活动对那些失业工人完全保密。大家都赞成他的意见。

国民党汉口市党部是在国民党一大后建立的。1924年1月20日至30日，在孙中山主持下，中国国民党第一次全国代表大会在广州举行。大会通过了共产党人参加起草的、以反帝反封建为主要内容的宣言，实际确立了联俄、联共、扶助农工三大政策，从而把旧三民主义，发展为新三民主义，以国共合作为基础的民主革命统一战线正式形成。中共武汉区委委员刘伯垂、李立三和廖乾吾分别作为湖北和汉口特别区国民党组织的代表出席了大会。

2月，中共中央决定撤销武汉区委，将区委下辖的汉口、武昌两地委改为直属中央的省级党组织。包惠僧任汉口地委委员长。

于是，包惠僧他们在英租界对面华界的德润里找了一栋楼房作为汉口地委机关部，门牌是23号。住机关的地委负责人除包惠僧、项英之外，还有廖乾吾和许白昊，另外还有许白昊的妻子秦怡君、包惠僧的妻子夏松云和他们半岁多的女儿爱生。廖乾吾虽然才40多岁，却早留了胡须，像个老幺。这样有老有少有男有女，完全像个家庭，连住在楼下的房东也没有看出破绽。

可是有一天，一个失业工人突然来到这里。他得意地说："我是洪门老幺，汉口每一条马路、每一个弄堂都有我的弟兄，你们无论搬到哪里我都能找到。"

送走这个工人，包惠僧说："得马上找房子搬家，先把重要文件送走。"廖乾吾表示同意。项英和许白昊却说："你太胆小了，不会有那样严重。"

几天以后，中央来信，通知包惠僧到上海参加中央执委扩大会议。

临行时，包惠僧又提出搬家的问题，大家都同意了，可又说等他到上海请中央汇钱来后再搬。

这次中央执委扩大会议主要是纠正党在前一时期工作中对国民党左右两派采取调和政策的右倾偏向。会议强调要加强左派，削弱右派，坚持党在统一战线中的独立性。同时，会议还研究了加强党的自身建设的问题。包惠僧在会上汇报了汉口地委的工作情况。

5月15日，扩大会议结束，包惠僧登上了西返的轮船。

船泊南京，包惠僧走上码头买了一张报纸，刚一展开，便见到一则晴天霹雳般的消息：汉口德润里23号被抄，刘伯垂、许白昊被捕！

包惠僧正惊异间，王荷波向他走来，递给他一张上海的报纸。原来汉口地委机关被抄的消息在上海报纸刊出后，中央即令王荷波乘火车赶到南京，通知包惠僧暂不西上。

包惠僧想："我坐的是怡和公司的船，码头在英租界，上岸没有危险，还是坐到武汉看看，和同志们商量一下善后的办法。"

他把这个想法告诉王荷波，王荷波表示赞同他的意见。

包惠僧到了汉口，住在英租界福昌旅馆。他设法找到了夏松云，才知道机关被查抄的情况。

那天是 5 月 14 日，下午两点，一伙军警突然闯上楼来。当时项英、廖乾吾不在家，夏松云在省立女师教书时的学生、青年团武昌地委候补委员夏之栩在这里。军警绑走了许白昊，把女人们监视起来。下午 5 点左右，廖乾吾回来在弄堂口买烟时听说 23 号查封了，便转身向英租界跑去。一个便探发现后紧追上来，廖乾吾闪在路边，向便探横踢一脚，便探跌倒，他趁机跑进英租界。到租界后，他才知道刘伯垂的律师事务所也被查抄，刘伯垂被捕。到了半夜，弄堂口的哨兵撤了，房内监视的警察也睡熟了，夏松云用绳子把夏之栩从窗口吊下来，夏之栩到各处送信，才避免了更大的损失。

　　包惠僧在福昌旅馆住了一天，找到了陈潭秋。陈潭秋此时是中共武昌地委委员长。

　　这时，包惠僧和项英、廖乾吾在明令通缉之列，显然不能在武汉立足。陈潭秋催他赶快离开武汉。他与陈潭秋研究了善后的问题。

　　次日，包惠僧便登上了日清公司开往上海的轮船。不久，项英和廖乾吾也到了上海。

第五章

巅　峰

不和谐的合作

1924 年初夏的广州，风景秀丽，气候尤其宜人。

包惠僧与谭平山一道，来到越秀南路 53 号。

这是一座砖木结构的两层西式楼房。正面顶部突起的牌坊上，堆塑"惠州会馆"4 个隶书大字。现在，这里是国民党中央党部机关所在地。

包惠僧带着妻子女儿从武汉转移到上海以后，陈独秀便要他到广州参加改组后的国民党中央党部工作。

在三曾里那座"三户楼"里，中央局秘书毛泽东发给包惠僧 50 元路费。包惠僧发现毛泽东的气色不太好，身体很瘦弱，与两年前在武汉时差多了。他同陈独秀谈起这事，陈独秀说："润之的身体很不好，经常是一个星期才大便一次。"他不禁为毛泽东的健康担忧起来。

包惠僧带着一家人，与谭平山和周佛海结伴到了广州。谭平山是中共广东区委委员长、国民党中央组织部长，他回到了自己的住处。包惠僧和老婆孩子住在永汉马路珠江旅馆。周佛海也住在这里，等着安排工作。

昨天到广州，今天谭平山就领包惠僧到国民党中央党部报到。包惠僧被安排在宣传部。他们径直走上二楼，来到宣传部长戴季陶的办公室。

这是包惠僧第一次见到戴季陶，然而他对此人的大名已久闻久仰了。民国初年，包惠僧喜欢读《民报》，尤其喜欢读戴天仇的文章，他想此人一定是英气勃勃，不同寻常。这戴天仇就是戴季陶。

不料今日一见，令他大失所望。眼前这位穿黑烤纱短褂裤的小胡子，哪里像国民党中央机关的堂堂部长，分明是一个态度轻佻、言语诙谐的小商人。

包惠僧谈了点他在武汉的情况，戴季陶谈了点宣传部的情况。戴季陶要包惠僧担任宣传部干事，负责党员训练班的训育工作，具体怎么办却没有说。

听过戴季陶的话，包惠僧生出一个疑问："党员干部训练班属于组织部的工作，怎么由宣传部办呢？"毕竟是初次见面，他不好把这个疑问提出来，只得勉强接受了任务。

下午，他跑到谭平山那里提出这个问题。谭平山说，开始是准备组织部办，当他把方案拿到中央执行委员会讨论时，戴季陶要宣传部办，他也不便力争，只好由他们去办了。

次日一上班，包惠僧就找到戴季陶，请示训练班如何开办。戴季陶把包惠僧介绍给副部长邵元冲和秘书郎醒石，要他们商量一下。

戴季陶说完就走了，邵元冲和郎醒石爱理不理地招呼了包惠僧一下，就看报纸去了。

包惠僧坐了半个小时的冷板凳，再也忍不住了："你们两位有什么话说没有？"说着就站起来要走。

邵元冲略微抬头，斜着眼瞟了一下包惠僧，又低下头去，拿腔拿调地说："今天我还没准备，明天再谈吧！"

"明天什么时候谈？在哪里谈？谈什么问题？请你也告诉我，我也要做个准备。"

"明天上午9点钟，在宣传部，谈的问题明天再说，你用不着做什么准备。"邵元冲头也不抬，说完这些话，就又去看报纸了。

包惠僧只觉得一股怒气从心底腾起，直冲脑门，但终于忍住没有发作。他一口气跑回旅馆，把这些告诉夏松云和周佛海，说他受不了这样的窝囊气，想回上海。

夏松云劝他忍耐。周佛海的遭遇跟他差不多，也很气愤。他们商量了一下，决定去向谭平山汇报，再定去留。

包惠僧和周佛海气冲冲地跑到谭平山家。包惠僧讲完他在宣传部的情形后，说他不愿意同这样的臭官僚共事，他要回上海。

谭平山说："你不要急，慢慢来。你既然同他们约好了明天去谈，还是要去。他们知道你是共产党员，所以冷淡你；在工作中他们知道你的厉害了，就会怕你了。"

谭平山说完便哈哈大笑起来。他见包惠僧还是一腔怨气，又说："算了算了！今天晚上中央党部在广东大学有一个集会，欢迎各地被压迫来广东工作的同志，请了你，一定要到，并要讲话。"

经谭平山这么一说，包惠僧的气已消了许多。临走时，谭平山给包惠僧和周佛海每人30元毫洋，作为开销旅馆的费用。送他们出门后，谭平山又握着包惠僧的手说："这是中央给的任务，一定要胜利完成，不能打败仗啊！"

第二天上午，包惠僧如约来到宣传部。

邵元冲对包惠僧说，戴季陶到香港去了，什么时候回来不知道。他说训练班的工作以前他没参加，戴季陶也没有明确指示，昨天下午同廖仲恺谈了一下，决定仍照组织部拟定的办法培训：下星期一学员开始报到，两个月毕业，每天上课2至4小时，隔一天再开一次讨论会。他要包惠僧同他们一起负责指导讨论会的工作，不用管其他的事。最后，他告诉包惠僧，办公地点就在宣传部，讲课地点就在国民党中央党部大礼堂，讲课的都是党政各方面的负责人，由宣传部约请。说完这些，邵元冲就心不在焉地走出去了。

包惠僧退出门来，心里非常纳闷。他想："这就是国共合作？这就是我的工作？"他抱怨中央把他从武汉那样繁重的工作岗位调到这样一个镶边的岗位上来。

几天以后，训练班开学了。这个训练班没有组织规程，没有教学纲领，没有固定教员，每天由宣传部请一两人来讲演。包惠僧也讲了两次，一次讲"中国劳动运动问题"，一次讲"各派社会主义"。

不管有事无事，包惠僧每天都要到训练班，有事做事，无事读书。每次讨论会他都参加，同学员们相处得很好。

而邵元冲那一班人却高高在上，从不参加讨论会，也很少到训练班。

7月中旬，第一期训练班在广东大学举行毕业考试。包惠僧同邵元冲、郎醒石及另两名秘书刘芦隐、甘乃光监考。

邵元冲是前清举人，此时神气十足地摆出一副大主考的架子，其他几人则在他前后左右小心奉承。学员发问，他们不解答；学员相互间交换一下意见，他们便一齐吆喝："不准说话！"

包惠僧颇不以为然，心想："这样一个考试，有必要搞得如此气氛森严吗？"

包惠僧对这几个人十分反感。他在宣传部工作了3个多月，除到职时同邵元冲谈过那次话外，再没有同他们中的任何人谈过话，见面也从不打招呼。

因为宣传部的事情不多，包惠僧从7月份开始在广东大学师范部兼课，每星期讲6个小时。

包惠僧到广州以后，同其他在穗的中共党员一样，党的组织关系都在中共广东区委。

9月份，在司后街杨家祠堂召开的一次党的活动分子会议上，包惠僧见到了两位刚从巴黎回国的负责同志。一位是他3年多前在天津采访过的周恩来，一位是他早闻其名而未谋其面的陈延年。他们两人后来相继担任中共广东区委委员长（书记）。

会议结束，周恩来和陈延年要包惠僧留下来，他们知道包惠僧曾经在武汉、北京、上海等几个地区工作过，便说他们刚回国，对各地的情况都不熟悉，请他谈谈这几个地区的情况。包惠僧谈了很多，很晚才同他们分手。

第二天中午，周恩来又同陈延年来到包惠僧的家。他这时住在社仁坊2号。

他们继续昨夜的话头，又谈了两个多小时。谈完后，陈延年提议到东山去租一栋房子，他们两人与包惠僧一家同住，并请夏松云去找。

过了几天，夏松云在东山慈幼街找到一栋楼房的二楼，大家觉得不错，就租了下来。

这层楼中间一间客厅，前后两间卧室，旁边一个厨房。周恩来与陈延年住前面一间卧室，包惠僧一家住在后面一间。

不久，戴季陶与张继大吵一架，留下一张辞呈，跑到上海仍旧搞他的交易所投机生意去了，宣传部由邵元冲代理部长。邵元冲一上任，就裁撤党员训练班，包惠僧的工作也给裁了。中共广东区委便将他调到苏联代表团资料室工作。

这个资料室由苏联政府驻广州代表鲍罗廷的助手李洛夫任主任。包惠僧负责中文材料的搜集和整理。他每天要从几十份报纸上搜集整理出几十条新闻，交人译成俄文或英文给鲍罗廷等高级顾问看。这里工作很紧张，虽然规定每日工作 8 小时，却要经常加班。资料室离包惠僧住的地方很近，上下班很方便。

后来，包惠僧又奉命兼任铁甲车队政治教官。铁甲车队是以黄埔军校学生为骨干建立的两支革命武装之一，另一支是军校教导团。它全称"建国陆海军大元帅府铁甲车队"，是中共广东区委向孙中山建议并取得他的同意后，由周恩来直接领导建立起来的，是中国共产党直接领导的第一支革命武装。

这年冬天，包惠僧又调兼滇军干部学校政治部主任。这个学校由滇系军阀、滇军总司令杨希闵兼任校长。因为杨希闵与国民党中央当局貌合神离，所以政治部根本没有成立，包惠僧只是每星期去讲 4 个小时的社会发展史，再就是找一些较进步的学生谈谈话，进行一些下层联系。半年以后，杨希闵和桂系军阀、桂军总司令刘震寰在广州叛乱，以黄埔校军组编的党军从东征前线回师讨伐。当包惠僧得知滇军干部学校的大部分学生都响应党军时，他感到了这一段工作所起的作用。

临乱受命到黄埔

在广州东面 40 里的珠江口上，有一个长洲岛。这个岛又叫黄埔岛，四面环水，方圆 20 余里，西与广州相望，南与虎门相连，是广州的第二门户——长洲要塞所在地。

黄埔岛上山峦起伏，林木葱茏。这里曾经办过广东陆军学校和海军学校。就在这两所学校的旧址上，现在又办起了一所军校——中国国民党陆军军官学校。

因为坐落在黄埔岛上，人们便把这所学校称作"黄埔军校"。后来，它便以这个名字扬名中外。

黄埔军校是孙中山在中国共产党和苏联帮助下，为培养军事干部而创办的。孙中山亲兼校总理，蒋介石任校长，廖仲恺任党代表。军校于 1924 年 6 月举行开学典乱。当年 10 月至 12 月，又从江苏、浙江、上海、广州等地招来士兵编成教导第一、二团。教导团的基层干部从军校第一期毕业生中选派，中高级军官则从军校教官和队长中调任。

1925 年 2 月初，由学生队和这两个教导团组成的黄埔校军奉命参加东征，讨伐广东军阀陈炯明。就在黄埔校军出师东征不久，包惠僧突然接到通知，要他到黄埔军校代理政治部主任。

这时的军校政治部主任是周恩来。他随军东征以后，由卜士奇代理，但卜士奇是鲍罗廷的翻译，工作很忙，很少到政治部。

黄埔军校有两个团体：一个叫青年军人联合会，是共产党人领导的左派组织；一个叫孙文主义学会，是坚决反共的右派组织。两个组织明争暗斗，经常发生纠纷。周恩来在校时，政治部的威信很高，工作也很有成效，没有发生大的问题。周恩来离校以后，一些孙文主义学会分子便不把政治部放在眼里，致使工作难以推动，两个组织之间发生很多问题，以至于闹出了乱子。

这一天，政治部组织科长李汉藩到管理处领办公用品，与管理处长林汉雄发生口角。李汉藩是共产党员、青年军人联合会会员，林汉雄是国民党党员、孙文主义学会会员。两人由相争到相骂，到大打出手，最后林汉雄竟拔出手枪，对李汉藩开了一枪，幸未打中。闻声赶来的一些共产党员一拥而上，缴了林汉雄的枪，并把他捆起来关进了禁闭室。

这一事件表面上是李汉藩与林汉雄两人之间的争执，实际上是青年军人联合会与孙文主义学会之间的冲突。事件发生后，双方都在酝酿新的斗争，随时都可能发生更大的事故。然而这时，校长、政治部主任正在东征前线，校党代表因公到了广州，教育长还在新旧交替之中，校内基本无人负责。于是，总值日官便一面同各部主任联合起来维持秩序，一面派人到广州报告廖仲恺，请他马上回校处理。

廖仲恺接到报告，立即赶回黄埔，处理了这一事件。问题虽然处理了，但并未真正解决，双方都不服气，事态还在继续发展。廖仲恺即致电蒋介石要周恩来回校，蒋介石说前方工作重要，周恩来不能回来。廖仲恺没有办法，只好找陈延年，请他代理黄埔军校政治部主任，来处理青年军人联合会与孙文主义学会之间的纠纷。

陈延年这时是中共广东区委书记。这一职务原由周恩来担任，周恩来随军东征，需要集中力量领导军事工作，难以兼顾区委的全面工作，便改任区委常委兼军事部长。陈延年接替区委书记以后，工作很忙，但他与廖仲恺是世交，又不便推辞廖仲恺的邀请，遂提交区委作出决定，由他向廖仲恺推荐包惠僧。

廖仲恺接受了陈延年的意见。包惠僧应约来到廖仲恺的住处。

廖仲恺对包惠僧说："青年军人联合会与孙文主义学会的同志大多数

没有把目前革命的任务搞清楚，没有认识到谁是朋友，谁是敌人。都是黄埔军校的同学，都是革命的同志，各立门户，互相摩擦，把革命的精神实力在内部闹小宗派抵消了，这还对得起总理，对得起革命吗？"

包惠僧发现廖仲恺的情绪已经有些激动了，也不便插话，只好听他继续往下说："今后的军校政治部要改组，要加强政治工作的作用，把青年军人联合会与孙文主义学会团结起来。要建立同志间的友谊，更要建立革命工作上的纪律。有不同意见，可以在工作和学习的会议上争辩，可以向校长、党代表、政治部提出意见听候处理，万不能互相冷言热语地吵架和打架。政治部主任是党代表的参谋长，有权代行党代表的职权，先处理，再报告。"

廖仲恺说完这些，就打电话通知军校本部：包惠僧先到职视事再办任命手续。放下电话，他又对包惠僧说："你明天就到黄埔就职。"

从廖仲恺的住处出来，包惠僧径直来到文明路中共广东区委机关，向陈延年汇报了廖仲恺同他谈话的情况。

陈延年说："廖仲恺的作风就是简单明了，说做就做，你就照他说的明天就去就职。黄埔军校的党组也由你指导。要劝我们的同志踏实一点，团结群众，学习理论，做好工作要紧。吵架打架不是革命的方法，也不能解决任何问题。对孙文主义学会的反动分子固然要斗争，但不能采取打架的方式。一面进行公开的辩论，一面把他们的反动言行的真凭实据搜集起来送给廖仲恺请他处理，最要紧的是在群众中建立我们党的威信。"

告别陈延年，包惠僧回到自己的工作单位——苏联代表团资料室，向李洛夫主任交待工作。接替他的是一位越南人，名叫李瑞。

第二天，包惠僧到黄埔军校就职。他首先与代理教育长钱大钧交换了工作意见。钱大钧本是军校参谋处长，此时刚奉蒋介石之命从东征前线返校编练教导第三团，同时代理教育长，代行校长职权。钱大钧是个小心谨慎的人，包惠僧倒也觉得与他一见如故。

紧接着，包惠僧来到政治部。他了解了一下情况，便与大家一起，根据周恩来所提的工作方针和目前新的情况，制订了一个新的工作计划。

包惠僧想，当务之急是要把学生浮动的情绪安定下来。他提出增加政治课的时间，减少讨论课的时间，得到了大家的赞同。

于是，政治课增加到每天两次到四次，每次两小时，学生们每天除吃饭、睡觉和上军事课外，其余时间几乎都在课堂上听政治课。这样搞了一个多星期，学生们的情绪渐渐安定下来。

包惠僧明白，增加政治课只能在大面上起些作用，根本问题的解决还要靠细致的工作。于是，他每天夜晚都找学生谈话，两方面的都找，听他们的意见，有问题解决问题，是误会消除误会。这样做的效果还真不错，双方的对立情绪明显减弱。

对共产党和青年团的工作，包惠僧则将其由公开转入秘密。这些工作都是在晚上9点吹熄灯号以后进行。各小组负责人汇报工作，大多在10点以后才来到包惠僧的宿舍。包惠僧总是对同志们说，不要闹不必要的摩擦，尽可能争取孙文主义学会的学生的同情，要服从上级，团结同僚。

一个多月过去了，孙文主义学会也没有什么动静，风潮平息了。

包惠僧的工作得到了廖仲恺和陈延年的赞扬。

廖仲恺来到军校，他对包惠僧说："你的处置很对，就要公平。共产党是有了组织的，怎么能教国民党的学生没有组织呢？"

陈延年肯定了包惠僧的工作。他对包惠僧说："要我们自己的同志在组织方面、理论方面多下点功夫，打架是不能解决问题的。"

包惠僧感到一种说不出的高兴。

3月12日，正当东征军在东江地区与陈炯明部浴血奋战的时候，孙中山在北京病逝。

4月，经廖仲恺提议，国民党中央执行委员会决定以黄埔军校教导团为基础成立党军，原教导一、二团合编为党军第一旅。

5月下旬，党军与东征军其他各部奉命回师广州，平定杨希闵、刘震寰所部滇桂军叛乱。

平叛战斗于6月6日正式打响。在此之前，包惠僧就领导政治部挑选四五十名精干的学生，组成一个全副武装的宣传队，进入了广州市区。这个宣传队由共产党员李之龙任队长，队员中大部分是共产党员，其余的都是积极分子。包惠僧给宣传队规定了三项任务：第一，接应各方地下工作人员；第二，布告安民；第三，驱逐散兵游勇，防范匪盗，救济难民，维持秩序。

宣传队一律着黄卡其军服，系鲜红领带，戴俄式军帽，打绑腿穿皮鞋，人数虽少，却使那些散兵盗匪望而却步。后来，宣传队会同滇军干部学校和桂军讲武堂的进步学生，协助党军收容俘虏，做了大量工作。

战斗打响以后，黄埔军校的大部分官兵和学生调出作战或作战勤服务，校内只留下包惠僧、代理教育长胡谦和少数秘书、副官、参谋及一个入伍生连，总计不到100人。包惠僧便与胡谦带着这些人警卫校本部及长洲岛，并担任调配船只，运送给养的任务。

6月21日，战斗胜利结束。黄埔军校本部接到命令：在黄埔设立第三俘虏收容所，从校本部留守人员中抽调精干人员组成俘虏管理处，并将办理情形具报。

包惠僧立即与胡谦商量，可还没想出个办法，传令兵就来报告：已有几十只民船装满俘虏到达校门口，正陆续上岸。从上午9时到下午3时，运到黄埔的俘虏达5000余人。

这下可给包惠僧和胡谦出了个大难题！

黄埔的民房相当少，军校的房子也仅够使用，现在一下增加了5000多人，到哪儿去住？他们只好把俘虏安排在江边树林里露营。

这些俘虏每人背一支卸掉枪机的步枪，腰间还挂着一支鸦片烟枪。据说他们已经一天多没吃饭了。他们不仅要吃饭，还要抽鸦片。显然，这里无论如何也难以满足他们的要求。于是，他们便哭的哭，叫的叫，有的要投水，有的要吊颈，乱成一团。

有同志对包惠僧说："这5000多带枪的俘虏，就是没有枪，如果暴动起来，那不到百人的学生队如何招架？"

包惠僧和胡谦也感到了问题的严重性，但是没有办法，只得一面要大家对俘虏们温语相劝，一面增加岗哨，严密巡查，加强警卫。校门口架了两挺机枪，警卫哨星罗棋布，巡查队穿梭不息。这可忙坏了那90多个学生，背着枪巡查，持着枪站岗，轮流转换，颠来倒去就这么几个人。政治部的三个科长，校部办公厅的三个参谋、两个副官，都是马不停蹄放下笔就拿枪，丢下枪又要给俘虏作宣传讲话。包惠僧和胡谦就更不用说了，真是忙得前仰后翻，被弄得焦头烂额。

胡谦忙得有点受不了了，他对包惠僧说："我们这次收容俘虏，哪是后勤工作，简直是在前线作战，一次艰苦的战斗！"

"而且作战没有兵，是唱空城计。"包惠僧笑着接过话头，说得胡谦也无可奈何地笑了。

就这样，大家白天不能休息，夜晚不能睡觉，支持了一天半时间，出征的学生总队返回学校，局面才缓和下来。

这时，包惠僧才得以抽身来到广州八旗会馆军校本部行营，向周恩来汇报工作情况。接着，他又去看蒋介石，蒋介石约他次日上午10时见面。

包惠僧回到自己家里，一直等到晚上八九点钟，到香港避难的妻子和孩子才回来。乱离之后，亲人重逢，不由得欣喜若狂。

第二天，包惠僧如约来到长堤军校办事处见蒋介石。

蒋介石问到学校的情况，问到政治部的工作情况。包惠僧一一作了汇报。

蒋介石对包惠僧说："周主任很忙，一时不能回学校，你快一点回学校去，继续主持政治部的工作。"

这是包惠僧第一次与蒋介石见面。看来，这位过早谢顶的浙江人并没有给他留下特别的印象。

包惠僧回到黄埔。学校的工作很快恢复正常。

这天，包惠僧见到廖仲恺。廖仲恺又和他谈起请胡汉民讲课的事。

胡汉民原来是大元帅府秘书长，孙中山北上以后代行大元帅职权兼任广东省省长，现在是刚刚成立的国民政府的常务委员兼外交部长。廖仲恺曾几次要包惠僧请胡汉民到军校讲课，包惠僧总是支吾其词。因为去年10月广州商团叛乱，胡汉民主张"委曲迁就"，包惠僧便看出了他是右派的领袖、国共合作的暗礁、革命的敌人。

廖仲恺也看出了包惠僧的思想。他微笑着问包惠僧："你为什么怕见胡先生呢？"

包惠僧搪塞道："不是怕，是因为忙。"

廖仲恺说："你还是应该去看胡先生，也应该去看汪先生。你是政治部主任，你应该为学生多请几个老师。你是共产党员，做的是国共合作的工作，也应该多同国民党的同志联系。"廖仲恺说的汪先生就是汪精卫，这时任国民政府主席、国民政府军事委员会主席。

包惠僧说："汪先生到黄埔讲演过几次，每次都是我接待他，我们谈得不少。胡先生每次排了他的课，用书面通知他，他没有去，我就替他代了。如果廖先生一定要我去当面请他，我当然要去。"

"他是有点架子的，你耐烦一点。你今天就去看他一次，约他给学生讲话，不要限定他讲什么。你现在就坐我的车子去。"廖仲恺把包惠僧送下楼，又说："你不要说是我要你去的。"

包惠僧来到胡汉民的住处。胡汉民愉快地接受了包惠僧的邀请。

第二天下午，胡汉民来到黄埔，包惠僧陪他给学生讲演。

胡汉民讲的题目是《马克思学说与孙文学说》。他武断地批评马克思，说什么马克思的学说第一是不新，第二是不够。学生们听了很不高兴，尤其是共产党员学生，都对他怒目而视，有的甚至站起来要发问。包惠僧当然也很气愤，可他想到要顾全大局，便示意要发问的学生坐下听讲。

讲演结束，已是下午 4 点钟了。包惠僧又陪胡汉民坐小汽船来到大沙头对面东山医院的疗养院，看望在那里养病的蒋介石。

包惠僧同胡汉民走进蒋介石的病房，探问他的病情，蒋介石说："神经衰弱很厉害，夜晚不能睡觉，医生说要休息。"

可包惠僧看蒋介石精神饱满，红光满面，根本不像一个病人。

东征结束，平定杨刘叛乱以后，蒋介石便自认为立下不世之功，而以孙中山的继承人自居。国民政府成立，他虽然得到三个职务——广州卫戍司令、以党军改编的国民革命军第一军军长、黄埔军校校长，却并不感到满足。

包惠僧虽然才第二次见到这位顶头上司，却也大致知道他害的什么病。

第二次东征

小汽船顷刻之间到了广州。包惠僧与胡汉民分别之后，径直来到八旗会馆看望周恩来。

包惠僧当然不会想到，他在黄埔军校的工作将在这里画上句号。

周恩来对包惠僧说："钱大钧希望你担任第三团党代表。他已同廖党代表谈过，廖先生已同意了，我也同意你去，你看如何？"

包惠僧说："你和延年同志同意我去，我当然去。"

周恩来说："你去同延年同志谈一谈，我想他一定会同意的。"

几天以后，包惠僧接到国民党中央党部调他任第三团少将党代表的命令。邵力子接手代理黄埔军校政治部主任。他同邵力子办完交接手续，即到北较场三团驻地就职视事。李默庵随他到三团任少校干事。

这个第三团就是包惠僧初到黄埔时钱大钧奉命组训的党军第三团，现在是国民革命军第一军第一师第三团，仍由钱大钧任团长。

第一军的党代表是廖仲恺，政治部主任兼第一师党代表是周恩来。

因为第三团成立不久，完全是新兵，包惠僧到职以后，便与钱大钧一起进行新兵训练工作。

8月20日下午3时左右，包惠僧正同钱大钧在团部说话，李默庵突然从外面闯了进来。他告诉包惠僧和钱大钧：今天上午8时，中央党部发生了暗杀案，廖仲恺到中央党部办公，一下车便被四五名凶手围攻，身受重伤，已送到东山医院去了。

晴天霹雳！包惠僧大叫一声："反了！"在场的人也连叫："反了！反了！"

包惠僧与钱大钧跑出门外，翻身上马，一口气跑到东山医院。

党军各部都对廖仲恺有着深厚的感情，大家都说廖党代表是党军的慈母。包惠僧同廖仲恺的公谊私交都很密切，一路上总想他的生命不会有危险。

包惠僧匆匆跑进病房，只见病床上的廖仲恺如熟睡一般，要不是他的夫人何香凝悲恸的哭声，他真不敢相信这位德高望重的党代表已经离开了人世！

包惠僧缓缓摘下军帽，肃立在廖仲恺的遗体前。好一会儿，他才与钱大钧走到何香凝身旁，对她说："我们一定为廖党代表报仇！"

从医院出来，他们又来到惠州会馆看出事的地点。随后，钱大钧回北较场，包惠僧便到文明路中共广东区委机关向陈延年汇报情况。

当包惠僧来到区委机关的时候，这里已经知道了廖仲恺遇害的消息。大家都说这是国民党右派有计划的阴谋，是一个反共的信号。

包惠僧说："如果我有权，一定把所有的国民党右派分子一起逮捕起来，严加审讯，此案不难水落石出。"

陈延年说："看吧，看国民党怎么办！"

晚上，包惠僧又来到周恩来家。周恩来这时已同邓颖超结婚，住万福路一栋新建洋楼的二楼。

周恩来对包惠僧说："这个问题当然不简单，是两党合作的一个重大损失。一定还有事故发生，你要经常住在部队里，好好掌握第三团。"

两人谈到深夜，包惠僧才回北较场驻地。

第二天，廖仲恺的遗体在中央党部举行大殓，国民党的上层人物几乎都到了。包惠僧在秘书处的大办公厅里碰上了胡汉民。胡汉民很不自然地同他打招呼，还问了几句部队训练的情况。"你这个家伙就是廖案的主犯，假若我是广州卫戍司令，非马上把你逮捕起来不可！"包惠僧心里这样想道，口里勉强应付了几句就走开了。"事情明明摆在那里，国民党的当权人物却都在装糊涂，口头和命令都叫嚣缉凶，而对摆在面前的凶犯却熟视无睹。"包惠僧越想越气。

9月3日，国民政府为廖仲恺举行隆重的安葬仪式，20多万人组成的送殡队伍前面，是一幅写着"精神不死"4个大字的白布挽幛。

送殡队伍里，包惠僧与周恩来、林伯渠同乘一辆汽车。林伯渠这时是国民党中央候补执行委员、农民部部长。

因为刺杀廖仲恺的凶手有一人被当场击伤逮捕，案情很快查清：主犯是胡汉民的堂弟胡毅生及其死党朱卓文，同谋犯和幕后策划者是一伙右派分子和几个反动的粤军将领。

还在东征军回师广州平定杨刘叛乱时，粤军总司令许崇智就与陈炯明暗中勾结，使陈炯明得以重新占据东江，图谋进攻广州。

有鉴于此，国民政府决定从处理廖案入手，解决粤军，准备第二次东征。

在解决粤军的行动中，包惠僧与钱大钧奉命率第三团包围设在东关的粤军总司令部，监视住在东山的许崇智，同时会同第二师一部解决驻石牌的粤军杨锦龙、梁士锋、张国桢部。

粤军解决以后，国民革命军即准备出发东征。就在这时，周恩来找到包惠僧，要调他到第三师担任党代表。周恩来这时已被任命为东征军总政治部主任。

第三师是刚刚解决的粤军改编的，师长谭曙卿是粤军的宿将，士兵和下级干部都是广东人，差不多是许崇智的子弟兵，地方色彩很浓，政治工作毫无基础，这次已编为东征军作战部队。周恩来对包惠僧说，现在调他去，就是要他去一面行军，一面整理。

包惠僧想：这是一项很不好做的工作，如果自己掌握不住这支部队，打起仗来很容易出麻烦的。而第三团是自己亲手训练的，全团干部士兵都处得很好，三个营长有两个共产党员，另一个虽是孙文主义学会会员，也容易控制。自己是文人出身，没有作战经验，打起仗来，不是成功，便是成仁，得有一个比较安全的准备。

想到这里，包惠僧便觉得不能去，坚决不能去。他对周恩来说："现在马上要出发作战，有我自己训练的队伍，用顺手了的干部，打仗比较有把握；若调到一个人地生疏的地方，马上参加作战，恐怕很危险。"

包惠僧坚持仗打完了再调。周恩来虽然有点不高兴，还是接受了包惠僧的意见。

10月5日，东征军从广州出发，沿东江两岸前进，于9日抵达博罗。13日，发起惠州攻城战斗。第三团奉命驻守博罗县城，担任预备队。经7小时激战，惠州攻克，包惠僧与钱大钧领第三团率先进城，清理战场，安抚百姓。

惠州既下，东征军各纵队分路攻击前进。第三团经平山、白云、赤石、梅陇，于10月22日进入海丰。他们的任务是由此继续向沿海各县搜索前进。包惠僧与钱大钧遂令第一营到汕尾搜索，二、三营及直属部队在海丰县城宿营。

海丰城东北面有一条大河，宽20余丈，河水很深，不能徒涉。河上有一座钢筋混凝土大桥，名郑家桥。这座桥联结着海丰通往陆丰的公路，距海丰城北门两华里。

当包惠僧和钱大钧率部进入海丰城的时候，他们就得到了彭湃领导的农民自卫队送来的情报：北距海丰30华里之地，即有敌洪兆麟、谢文炳部七八千人。于是，他们决定将二、三营分别置于北门外左右侧，同时在右侧一小山上设置连哨，在郑家桥头设置瞭望哨，团部设城中心一所学校内。

黄昏时分，包惠僧与钱大钧亲自检查了一遍哨位，以为不会有什么问题，便回团部休息了。

凌晨3时许，包惠僧突然被一声急促的"报告"惊醒："北门外有很密的枪声！"报告人是特务连长龙慕韩。

包惠僧一翻身跳下床。他没有打仗经验，出发以来每时每刻都在准备应战。

钱大钧要打电话到二、三营问问情况，包惠僧说："枪声很紧了，我们到北门去看看。"于是，他们带着特务连和侦探队，一路跑步来到北门外。

这时，第二营已全部投入战斗，敌人攻势很猛，正面的敌人已冲过郑家桥，爬上了连哨所在的小山，双方已进入短兵相接的混战状态。第三营在左侧高地待命。

在对敌情作出判断之后，包惠僧与钱大钧令侦探队长俞济时率领所部从右侧方抄敌后路，增援第二营。

侦探队刚刚冲出，传令兵就跑来报告："二营营长唐同德受伤，正面有崩溃的危险！"包惠僧马上与钱大钧从特务连挑出两排人从正面增援上去。

这两排人冲上去以后，团部就只剩包惠僧、钱大钧和8个卫士及近10个传令兵了。

钱大钧和团副蔡熙盛、参谋长赵锦雯有点紧张。他们问包惠僧："党代表，怎么办？"他们看形势如此不利，想退回团部，向师部请援，因为执行连坐法的是各级党代表，所以征求包惠僧的意见。

包惠僧知道，营长如果阵亡，他答应团部退却，就是临阵脱逃，是要受枪毙处分的，所以无论向前如何艰险，也只能在死中求生。

他对他们说："退却是要受连坐法处分的。我们还有二十几条枪，还有两挺机枪，还有第三营。我们打一个冲锋上去把第三营拉过来，还可以希望挽回这个危局。"

龙慕韩表示同意包惠僧的意见。钱大钧没说什么，令司号长吹起了冲锋号。

当包惠僧他们冲上第三营所在高地时，已是凌晨5点了。借着熹微的晨光，包惠僧望见了公路上蠕动着的敌人密集的队伍。他与钱大钧立即令机枪向公路射击，同时令第三营向郑家桥头冲锋前进。

第三营快接近郑家桥的时候，俞济时率领的侦探队已经冲到桥头，将敌人长蛇般的队伍截成两段。面对东征军猛烈的攻势，桥那边的敌人立刻抱头回窜，桥这边的敌人不得不缴械投降。

战斗结束，钱大钧到纵队司令部报功请赏，包惠僧去审讯俘虏。他从俘虏口中得知，这一路敌军是企图从东征军后面绕过，由平山淡水趋樟木头而进取石龙，威胁广州。他不禁心里一紧：要是这一仗不把敌人打败，那将会出现怎样的后果啊！

这一仗全团仅第二营官兵死20余人，伤数十人。

包惠僧来到卫生队临时医疗所。在里间的一块铺板上，唐同德痛苦地呻吟着。包惠僧走过去，俯下身拉起他的手，关切地探询他的伤情。

"党代表，我怕不行了！敌人打退了没有？"唐同德急切地问道。

"大敌击退，我们俘敌千余人，缴枪800多。"包惠僧答道，心里想："多好的同志啊，伤成这样还惦记着战斗！"

"我们胜利了！"唐同德微笑着说。

当天晚上，唐同德牺牲了。站在这位年仅28岁的共产党员的遗体前，包惠僧缓缓摘下了头上的军帽！

第二天拂晓，第三团从海丰出发，当晚赶到陆丰宿营。这时，第一营已从汕尾调回。

到陆丰后，包惠僧与钱大钧又接到情报，说从陆丰逃出的敌人正逗留在距此四五十里之博美一带，且有回窜模样。他们再不敢大意了，团里几个干部轮流守着电话，经常同前哨保持联系，直到次日凌晨4点队伍开拔。

第三团离开陆丰以后，经河田到达河婆，与第一、二团会合。包惠僧同周恩来在马上见了一面，又分途向潮梅前进。第三团于11月1日进占普宁、11月3日攻克揭阳以后，兵锋直指潮州。

东征军各路会师潮梅，胜利结束了这一战役。包惠僧到汕头参加总指挥部召开的军事会议。会议一结束，他就请了一个月事假，迫不及待地回到了广州。

是什么事使得他如此归心似箭呢？

中山舰事件前后（上）

就在包惠僧率第三团官兵激战海丰的那天，夏松云在广州生下了他们的第二个孩子。当得到战斗胜利、丈夫转危为安的消息后，她给新生的女儿取了一个响亮的名字——凯歌。

正是这个小凯歌，给包惠僧那本已急切如火的归心，又安上了一支离弦之箭！

包惠僧回到广州以后，向陈延年汇报了工作。陈延年告诉他，广州和黄埔都有新右派的发展，这些人联合孙文主义学会分子同共产党闹纠纷，连汪精卫也一筹莫展。

包惠僧又去看汪精卫。汪精卫在问了前方的作战情况之后，也提到了孙文主义学会与青年军人联合会的纠纷。他希望能从前方多调几位同志到后方工作。

在汪精卫这里，包惠僧还见到了李之龙。李之龙是湖北沔阳人，烟台海军军官学校毕业，1921年12月加入中国共产党，包惠僧在武汉任中共区委书记时他在那里工作过，现在是海军局代理局长兼中山舰舰长。

包惠僧在广州住了一个月，假期满了，周恩来约他一道回汕头。

第二天，周恩来告诉包惠僧说："校长已决定要你当入伍生部政治部主任，地点在广州。入伍生有两个团，工作相当繁重。国民党第二次全国代表大会在广州举行，时间在下月初。第一师要选出5个代表出席大会，我们党决定要你竞选。你把选举办完，将第三团的事务交待清楚，就回广州。"

包惠僧按照周恩来的指示，一面布置选举，一面准备移交。选举以无记名投票方式进行，包惠僧顺利当选。接着，他就办理移交手续，办完移交便回到广州，出席国民党第二次全国代表大会。

1926年1月20日，二大闭幕。包惠僧正准备到入伍生部就职，又接到了调升他任教导师中将党代表的命令。这个师不久改编为国民革命军第二十师，师长王柏龄，副师长先为沈应时，后为刘峙，所属3个团2个驻东莞，1个驻虎门，师部驻东莞。

包惠僧就职以后，结识了第二团团长叶剑英。他后来回忆道："我同叶剑英是这一次共事才认识的。他的这一团，是由粤军张民达师改编的。他原是张民达部的旅长。他是云南讲武堂毕业，同王柏龄有师生关系，因此我们的同志都把他作为是孙文主义学会的人看待。他曾到政治部同我谈过两次话，并借阅马列主义的书籍。我们经过了多次的接触，有相当的了解。但是，当时我们对他重视不够，没有吸收他入党。"[1]

王柏龄曾先后任黄埔军校教授部主任、教育长，是蒋介石的把兄弟、孙文主义学会的主要组织者。包惠僧虽然曾与他同在军校，却接触很少，

---

[1]　《包惠僧回忆录》，人民出版社1983年版，第204页。

了解不深，现在才知道"这个人是极腐败、极顽固、极狡猾的一个人，非常不好共事"[1]。每天，包惠僧到部队巡查讲话，他却睡在家里抽鸦片烟。晚上，他又一定要请包惠僧到他家吃饭。吃饭的时候，他不是说现在的黄埔军校教育长邓演达要造反，就是说汪精卫靠不住，或者说蒋介石辛辛苦苦打天下别人坐。包惠僧觉得这人有点莫名其妙，也只当他是开玩笑发牢骚，未加重视。

这一天，包惠僧又被王柏龄请到家里吃晚饭。酒酣耳热之际，王柏龄的话匣子打开了。

在谈过一阵嫖经、赌经之后，王柏龄郑重其事地对包惠僧说："老兄，你知道吗？昨天毛县长从广州来，听说广州方面反蒋的谣言很盛。你听到什么消息没有？"王柏龄说的毛县长是东莞县的县长，蒋介石的大舅子。

包惠僧听了很奇怪，便说："谁反蒋？这个谣言是从哪里来的，应该追究一下。"

"你大概是装糊涂吧！这个谣言老早就有的。你想除了汪精卫，谁还能反蒋呢？天下竟有这样不平的事，校长东征西剿打下来的天下，他做了主席，今天还要反蒋，真是岂有此理！"王柏龄说着，露出十分愤慨的神色。

"这样的谣言，我确实是没有听见过。如有，真应该严查究办。"包惠僧已感到问题有点严重了。

"那你真是孤陋寡闻了。这些谣言，不仅广州有，东莞也有。"

包惠僧越听越觉离奇，便说："如果你的话真有根据，汪精卫就是自找死路。广东的军队不都是我们的吗？"

"可不是吗？"王柏龄哈哈大笑起来。

包惠僧一回到政治部，就打电话到广州想问问情况，可好几处的电话都不通，只得打到家里。他想妻子是广州妇女协会主任委员，经常同陈延

---

[1] 包惠僧：《思想总结》（第一部分），1950 年。

年在一块儿工作，如有什么事，她应该知道的。夏松云在电话里说，她下午还在区委机关汇报工作，没听到什么特殊的新闻。

包惠僧一夜翻来覆去睡不着，第二天早晨又打电话找王柏龄。司令部的值日官说："王师长一大早就回广州去了。"

包惠僧更感到奇怪。他马上召集各团中共党内的负责同志到政治部汇报。他把王柏龄的话告诉了他们，他们说也听到同样的传说，而且多半出自王柏龄的亲信与孙文主义学会分子之口。

"这个问题应该搞清楚！"包惠僧想。他打算立即回广州一趟，可偏偏这几天连日暴风雨，到广州和黄埔的船都不通航，而且电话也不通了。他只好给蒋介石和汪精卫发了一份电报，说他有要公面陈，请他们派船到东莞来接他。这时黄埔军校的校名已改为"国民革命军中央军事政治学校"，校长仍是蒋介石，党代表由汪精卫兼任。

次日下午5时左右，包惠僧乘坐军校派来的小火轮到达黄埔，径至长洲要塞司令部向蒋介石汇报。

包惠僧对蒋介石说："王师长已回广州去了好几天。我从王师长、毛县长及其他同志那里得到一些很奇怪的谣言，说广州有'反蒋'的空气，又说校长与党代表有矛盾。我听到这些谣传，感到奇怪与不安。我想这种谣言很危险，即令仅仅是谣言，也应该进行查究，予以澄清。如果是事实呢，那就是一个重大的政治问题，我们就要着手镇压。"

蒋介石听完包惠僧的话，一点儿也不感到奇怪。他微笑着说："见怪不怪，其怪自败。你的意见当然不错，不过我还没有听到这样多。我今天夜晚要给学生讲话，我们一路到校本部，你可以同邓教育长谈谈，并要他安置你住宿吃饭。"

包惠僧说："我同校长到校本部看看邓教育长，就坐原船到广州。我还要去看看汪党代表。"

蒋介石与包惠僧一路步行到了军校。包惠僧去看邓演达，寒暄过后，谈了一点二十师的训练情况。

邓演达在黄埔军校成立的时候是教练部副主任兼学生总队长，后一度受排挤而辞职，远游欧洲。归国以后，在国民党二大当选为候补中央执行委员，出任黄埔军校教育长。包惠僧虽然与他认识很久，却没有交往，今天是第一次打交道，自然不便深谈。

辞别邓演达，包惠僧又坐上那艘小火轮到了广州，赶到家里还不到7点。他一到家就给汪精卫打电话，说要去看他。

汪精卫亲自接电话。他对包惠僧说："周主任刚从汕头回来，我约他在国民政府吃晚饭，在坐（座）的还有陈公博、缪斌成，请你也来吃晚饭。"

包惠僧放下电话就往国民政府赶。他同汪精卫、周恩来见了面，因为有陈公博、缪斌成在座，要说的话也不便说。

握别的时候，包惠僧对汪精卫说有些人事上的问题要请他决定，希望明天能向他汇报。汪精卫说蒋介石今晚回家，他明天上午8点要到蒋介石家里去，约包惠僧到那里一起谈。

从国民政府出来，包惠僧又来到中共广东区委机关找陈延年。陈延年正在主持工作汇报会，夏松云也在座。

夏松云告诉包惠僧，前天晚上他在电话里讲的话，她已经报告陈延年了。

包惠僧把陈延年拉到另一个房间，把王柏龄在东莞酒后说的那些话告诉了陈延年。

陈延年说："我想是新右派制造的谣言，王柏龄就是谣言的发动机。王柏龄既在广州，你也可以在广州多住些时，你同他多多接近，看他还说些什么。你得到什么情况，就同傅烈同志联系。"傅烈是广东区委情报机构的负责人。

等夏松云开完会，包惠僧才和她一道回家。路上，夏松云对丈夫说："广州市这几天风平浪静，你疑神见鬼干吗？"

因为与汪精卫有约，包惠僧第二天早晨8点就起了床，匆匆吃了点东西，赶到东山蒋介石家。

包惠僧刚刚进门，就遇上从楼上下来的汪精卫。汪精卫一副极诚恳的样子，拉着包惠僧的手说："政治部训练部需要一个副主任，因为陈公博兼职太多，工作很忙，政治训练部的工作又多，他顾不了，要一个副主任负实际责任，我想请你来担任这个职务如何？这个工作比二十师的工作不止重要一百倍，我希望你好好考虑一下答复我。"

一时间，包惠僧真有点丈二的和尚——摸不着头脑。他不知道汪精卫的葫芦里卖的什么药，只好很世故地答道："我对工作完全服从汪先生的意旨，我没有什么意见。不过我从东莞回来，有一些情况要给汪先生报告。我们什么时候谈？我希望快一点。"

汪精卫看了看表，略微迟疑了一下，说："已经9点半了，10点钟我还要到中央党部开会。今天没有时间，明天早晨再通电话约时间好了。"包惠僧只好同他分手，上车回家。

汪精卫为什么要调包惠僧到政治训练部当副主任呢？后来包惠僧才知道，这是王柏龄捣的鬼。

国共合作以后，为了有效地将军权置于党权之下，赋予了军队中的党代表很大的职权。党代表不但有权监督所属人事财务，而且有权监督同级主官，必要时还可采取紧急措施先处理后上报，任何命令没有党代表副署一律无效。因此，当时一般的雇佣军人特别是军官都反对党代表制度，尤其反对共产党员党代表。

王柏龄是一个贪财好色、惯于营私舞弊之徒，自然受不了革命纪律的约束，也就把包惠僧看成自己为所欲为的障碍，所以他怂恿蒋介石将包惠僧调走，进而将所有的共产党人排挤出二十师。

蒋介石当然站在王柏龄一边，所以向汪精卫提出了给包惠僧调职的意见。但是他也很矛盾，因为他也知道王柏龄暮气沉沉，训练二十师这一师新兵还要靠包惠僧，所以又迟迟没有调他。几天以后，包惠僧去见蒋介石，蒋介石还催他早点回东莞防地。包惠僧因为要留在广州侦察王柏龄的行动，所以没有马上回去。

又过了两天，王柏龄来到包惠僧家，神情十分沮丧，还没坐下就说："党代表，事情搞坏了！我们在东莞酒后乱谈的那些话，你就认真地报告了季顾问，季顾问就当成了一桩大事，告诉了汪党代表，汪党代表很生气，他跑到校长家辩白是非，并指定是我造谣生事。校长是什么也不知道，今天5点钟就打电话要我去，大发雷霆地骂了我一顿，还要我把事情的经过、消息的来源，当面向汪党代表报告明白。我当时对校长说：'话不是这样说的，包党代表可以作证。'我想请你替我负点责任，不然我恐怕待不下去了！"他说到这里，几乎要哭起来。

王柏龄这里提到的季顾问，叫季山嘉，1926年2月苏联政治顾问鲍罗廷暂离广州去北方，其职务由他代理。

其实，包惠僧没有见季山嘉，季山嘉知道这事是陈延年告诉他的。

包惠僧说："我没有见季顾问。你同我讲的话，我报告过校长的，还没来得及同汪党代表讲。我认为这样的事是要搞清楚的，应该追查消息的来源。我请校长查究谣言来源时，校长还说'见怪不怪，其怪自败'。既然话说穿了，你把谣言的来源向校长、党代表说明白不就完了吗？还要我负什么责任呢？"

王柏龄说："这个话，讲的人很多，都是捕风捉影，一个传一个，没有哪一个能负责交出真凭实据来。如果一个一个地攀扯起来，牵涉的人很多，反而不好。我想只好请你对校长说，这些话不是我说的，或者说不是我一个人说的，就减轻了我的责任，校长就不会对我生气了。"

包惠僧心里想："这家伙天天在那里造谣，还要别人替他扯谎，真可恶！"可又转念一想，如果不敷衍他一下，将来更不好共事，就答应同他到蒋介石那里去一趟。

他们一起来到蒋介石家里。蒋介石显得很平静。他笑着问包惠僧："你同季顾问怎样说的呀？叫汪先生感到不安！"

包惠僧说："我没有见季顾问，也没有同汪党代表谈这个问题。我仅把我听到的谣言报告了校长。"

蒋介石听包惠僧说没见季山嘉，觉得有点奇怪，可也没说什么。他也不追究谣言的来源和真假，只是说："你们去看看汪先生，把话说清楚，叫他安心就好了。"

包惠僧和王柏龄坐了一会儿，就到了汪精卫家。汪精卫不在家，包惠僧说到国民政府去找，王柏龄不想去。

在回家的路上，包惠僧想："这家伙不怕汪精卫误会和不高兴，只怕蒋介石责骂；只要蒋介石不骂，他就万事大吉了。"

中山舰事件前后（下）

按照陈延年的意见，包惠僧仍留在广州，没有回东莞。

这天，虎门要塞司令陈肇英来到包惠僧家。

陈肇英也是蒋介石的把兄弟。他曾经大贩私盐，被李之龙查获，船只被扣留，本人也受到撤职查办处分，却被蒋介石庇护起来。

不久前，包惠僧和王柏龄陪蒋介石到虎门和东莞检阅部队，陈肇英同他们一起从广州到虎门。在船上，陈肇英一面向蒋介石诉苦，一面托王柏龄请包惠僧向李之龙说情。蒋介石对陈肇英并无指责之意，只是说："你的工作也没做好，有误会的地方你自己应该向汪党代表报告，也可以同李之龙说明白。这不是什么大不了得的事，不要小题大做。"

包惠僧回广州后就把这些情况告诉了陈延年。陈延年说："李之龙也是太好多事了，陈肇英走私，王懋功、吴铁城还不是一样走私吗？一个海军局长管得了这些事吗？他也没有给我们报告。你去找他一趟，把蒋介石的话告诉他，叫他把这些事给蒋介石报告，把奉命缉私的经过说明白。"陈延年提到的王懋功是国民革命军第二师师长代理广州卫戍司令，吴铁城是广州市公安局局长。

紧接着，包惠僧去找李之龙，向他转达了陈延年的意见。李之龙却说："我是奉命办事，校长也不能管我。我同他不同系统，何必向他报告呢？"海军局直属国民政府，李之龙缉私是奉汪精卫之命，所以他理直气壮。

这次包惠僧一见到陈肇英，就问他船放回没有，陈肇英说："没有。"

包惠僧说："我同李之龙说过，他说要请示主席再决定。"

陈肇英很不高兴地说："我看他总不能没收吧！这又不是哪个私人的东西，就听他去吧！"

因为虎门之行得到陈肇英的热情招待，为了还情，包惠僧便请他在家吃晚饭，还请了王柏龄等人作陪，饭后又打了八圈麻将。第二天，陈肇英又请他们到西园吃饭，王柏龄也请他们吃饭。包惠僧同他们"这样昏天黑地的混了几天，而不知道他们就在这几天中，发动了三月二十事变"①，也就是中山舰事件。

3月20日早晨8点左右，包惠僧家来了两位客人。一位是新任二十师副师长林振雄。他准备到东莞就职，是专程来拜访党代表，并约他一同前往东莞的。一位是黄埔军校入伍生团团长张叔同。他与包惠僧在黄埔同过事，是请他为入伍生团的事向蒋介石说说话的。

他们说完事情，问包惠僧："外面有几条马路戒严，从惠州会馆到造币厂这一带断绝交通，十字路口都架着机关枪，第五团全副武装向省议会急进，不知出了什么事故。党代表知道吗？"

包惠僧想不出是什么事故，就说："不知道。"说完，便要通了蒋介石

① 《包惠僧回忆录》　　民出版社1983年版，第210页。

家里的电话，想问问情况。

接电话的是蒋介石的秘书陈立夫，他说蒋介石不在家。

过了一会儿，林振雄、张叔同走了。包惠僧总觉得这件事十分奇怪，又打电话到蒋介石家。他对陈立夫说："我是包党代表，有要公请校长说话。"

陈立夫在电话说："校长昨夜3时就出去了，不知道是处理一件什么紧急公事。他现在造币厂，你有事可以到造币厂去见他。"

包惠僧还是想不出是什么事故。他又打电话找王柏龄，王柏龄家里没人接电话。

又过了一会儿，大约10点，包惠僧打电话给周恩来，周恩来还一点消息都不知道。周恩来是前三天刚从汕头回到广州的。包惠僧把他知道的所有情况告诉了周恩来。周恩来说他马上到造币厂见蒋介石，要包惠僧在家等着。

直到晚上，周恩来才打来电话，要包惠僧到他家去一趟。

包惠僧赶到周恩来家里，才知道今天凌晨3点蒋介石下令逮捕了李之龙，占领了中山舰，扣押了第二师的共产党员，解除了省港罢工工人纠察队的武装，包围了苏联顾问和共产党人的住宅及全市的共产党机关，理由是中山舰要炮轰黄埔军校。

周恩来告诉包惠僧，他一到造币厂，随行的4名卫士就被缴了枪，他本人也被软禁起来了，经与蒋介石据理力争，现在才被放出来。

周恩来对包惠僧说："事情是很显然的，新右派制造谣言，包围蒋介石，李之龙落到新右派的圈子里，他已被捕了，第二师的各级党代表都关起来了，虽然目前尚没有侵犯我们，这个局势是否算稳定，还很难说。我得到蒋介石的同意去看过汪精卫，他气得两眼发直，他用手捶胸，以头碰壁，他简直像一个小孩子一样，毫无主意。在蒋、汪之间的唯一的一个穿针度线的人，就是谭祖庵，我想他也不会有什么好的办法。"谭祖庵就是谭延闿，此时是国民党中央执行委员、国民政府常委兼军事委员会委员、国民革命军第二军军长。

最后，周恩来对包惠僧说："如果可能，你可以去看看王柏龄和刘峙，去了解一点他们的情况。"刘峙这时已升任第二师师长，今天凌晨包围省港罢工委员会就是他率部干的。王柏龄则与陈肇英带人逮捕了李之龙。

包惠僧从周恩来家出来，就去看王柏龄。王柏龄住在文德路附近一个里弄里，与李之龙住一栋楼，他住三楼，李之龙住二楼。

这里楼上楼下都布满了武装卫兵。包惠僧上楼走到李之龙家门口，只见门开着，屋里没有人，家具乱七八糟，显然是抄了家的。他通过警卫岗哨走到三楼，王柏龄在家。他一进门就说："茂如兄，是怎么回事？你怎么不跟我打个招呼呢？"

王柏龄得意扬扬地说："李之龙造反了，他同汪精卫、季山嘉勾结一起，要把校长骗上中山舰送到俄国去。中山舰升火待发的关头，被我们发觉了，即将中山舰解除武装。李之龙已被捕了。我们大家都很愤慨，如果他们要抵抗的话，那就是一场血战了。"

包惠僧问："同海军局打吗？"

王柏龄说："也许不止是海军局吧！"

包惠僧又顺着他的意思说："照你说的情况，就应该把汪精卫、季山嘉都逮捕起来呀！"

王柏龄说："校长不肯这样干，汪精卫是主席，季山嘉是客卿。"

直到晚上七八点钟，市面才恢复正常。包惠僧又去看刘峙，刘峙很客气地接待了他。

"今天究竟是怎么回事啊？"包惠僧问。

刘峙平心静气地说："我也不完全了解。我是以校长的意思为意思，校长命令我干什么，我就干什么。"

包惠僧回到家里，夏松云告诉他说："陈延年同志派人来通知，叫你这几天少出门，夜晚不要住在家里，行动要简单轻便一点，不要坐汽车，不要带卫兵，也不要到他那里去，有事他派人来通知你。"

夏松云还告诉他，门口有几个便衣侦探。他便到西濠口亚洲旅馆开了一个房间住了一夜。

事后包惠僧才知道，所谓"中山舰要炮轰黄埔军校"不仅是谣言，而且是新右派们预设的阴谋，蒋介石制造中山舰事件是他实行反共的一个重要步骤。当时，在广州的共产党负责人周恩来、毛泽东、陈延年等都主张坚决反击，在上海的中共中央书记陈独秀却主张让步，致使已暴露身份的250多名共产党员被迫退出国民革命军第一军和黄埔军校。陈延年因为这件事气得大骂他的父亲陈独秀是"老糊涂""混蛋"。

包惠僧后来在回忆这段历史时说："三月二十日事变，是共产党没有预想到的事情，事后共产党中央采取退让政策，以期维护国共两党的联合战线。为了革命的前途，委曲求全，争取蒋介石的谅解。在蒋介石方面，仍以限制共产党的发展、排挤共产党人的活动为出发点，向国民党中央提出党务整理方案，解除季山嘉的聘约，在国共的联合战线中种下了一粒破裂的种子。"①

对于自己在中山舰前后的行为和思想，包惠僧后来也进行了如下的反思：

"我在这一段工作中，完全犯了官僚主义的错误。第一，在统一战线中应该一面团结，一面斗争，当时我只知道团结，无原则的团结，忘记了斗争的一面。得到王柏龄的谣言，不独没有检举他，反而掩护他，使革命事业受到危害。第二，革命的政党应该时时刻刻提高警觉，分清敌我，我得着王柏龄的谣言，不先向我党报告拟具对策，反先向蒋介石、汪精卫报告，再向陈延年报告，坐视反动势力长成，束手无策。第三，怕和王柏龄翻脸，将来不好共事，便掩护王柏龄挑拨离间的罪恶。这完全是计私利、

---

① 《包惠僧回忆录》，人民出版社 1983 年版，第 213 页。

忘公义，使统一战线受到危害。第四，我党对蒋介石退让，因为革命需要他，他如果不革命或是反革命，我们就不需要他，并要打击他。当时蒋介石发动的阴谋暴露，我们还说革命需要他，这是无原则的退让。我是错了，党中央的决定也错了。"①

应该说，这是一次严厉而可贵的自我解剖，尽管文中个别断语不尽准确。

---

① 包惠僧：《思想总结》（第一部分），1950 年。

第六章

转　折

意乱心悬

上海。法租界平安大旅社。

在一个普通房间里，包惠僧正焦急地来回踱步。两个孩子也似乎知道爸爸心情不好，姐妹俩依偎在妈妈怀里，四只小眼睛睁得大大的，不哭也不闹。

他们是前两天从广州来到上海的。

中山舰事件以后，包惠僧的二十师党代表职务被解除了。不久，周恩来在大佛寺办起一个高级政治训练班，专门训练从第一军撤出的共产党人和其他政工人员，包惠僧在那里任主任政治教官。这个训练班结束后，他又在国民政府训练部主办的一个战时政治训练班担任班主任。这两个训练班都是为北伐培养干部的，学员毕业后都分到各军，成了北伐军的骨干。

办完这两个训练班，包惠僧便闲在广州没事干，中共中央决定他到莫斯科学习。多年的愿望就要实现了，包惠僧当然高兴。不过，他向组织提了一个要求，希望夏松云与他同去。

这时的广州，正是群情激昂之时。7月9日，北伐誓师。7月15日，北伐军克复长沙。珠江两岸，一片欢腾。包惠僧自然也为之振奋，加上朋友同事们纷纷为他置酒饯行，他在广州又逗留了一段时间。

直到7月底，包惠僧才离开广州，准备先到上海再赴莫斯科。行前，陈延年告诉包惠僧，夏松云去莫斯科的请求，中央还没有批准。他交给包惠僧一封以区委名义写给中央的信，信上再次提出了希望批准夏松云去莫斯科的请求。他还要包惠僧当面向中央谈谈自己的理由。

包惠僧带着妻子女儿到达上海的当天，就把这封信送出去了。今天已是第三天，还不见回音。你说他急不急？

就在这时，有人敲门。开门一看，是项英！包惠僧大喜过望，两人紧紧地拥抱在一起。

项英这时在中央机关工作，可他带来的并不是福音。他告诉包惠僧，他已得到消息，中央不同意夏松云同去。

包惠僧只觉胸中一股怒气冲腾而起，但他克制住了。他对项英说："请你带封信给仲甫，我要求同他当面谈谈。"说完就开始写信。

项英说："我说你干脆不要出国了，仍来中央工作。国内革命高潮已经到来，各处的工作都感到事多人少，就是中央准松云同志同你一道去，你在革命的责任感上过得去吗？"

包惠僧见项英一副郑重其事的神色，就说："我倒不一定要到莫斯科去，既是党决定要我去，就只好去。我只多了一个请求要夏松云同去，这样的先例不是很多吗？现在中央如果叫我不去，当然我就不去了。"

项英说："我去同中央商量。"

包惠僧突然从项英的话中感觉到了点什么，便问："仲甫不肯同我见面吗？他还在张国焘的包围中吗？"

项英说："你不要问那些，你不去莫斯科就什么事也没有了。"

包惠僧觉得项英有难言之隐，不禁感慨地说道："真神秘得很！"

项英毫无表情地走了。包惠僧送他下楼，他回过头说："静听我的回报吧！"

包惠僧何曾"静"得下来！送走项英以后，他只得在房间等着，却如坐针毡，度日如年。

直到下午，一个不认识的人才送来一纸中央通知。通知说，夏松云暂留上海工作，到海参崴还要 10 天左右才有船，包惠僧何时走再通知。

"中央为什么这样冷淡我呢？难道说他们就不想听听广州方面的工作情况吗？"包惠僧瘫坐在沙发上，胸中翻江倒海一般，几乎要哭出来。

又过了一会儿，外面响起敲门声。夏松云过去开门，是詹大悲夫妇来约他们出来吃晚饭。

詹大悲是湖北蕲春人，老同盟会员，辛亥革命元老，国民党候补中央执行委员，国民政府参事，现在是国民政府和蒋介石派驻上海的代表，也住这个旅社。他与包惠僧是同乡，在广州又是邻居，两人关系处得不错。

听包惠僧讲过自己的情况之后，詹大悲劝包惠僧不要到莫斯科去了，干脆与他一起回广州，同去参加北伐。

包惠僧虽然对何去何从还有些犹豫，但经詹大悲一番劝慰，情绪已平静了许多。

几天以后，包惠僧又见到了蒋介石派驻上海的另一名代表何成浚。

何成浚也是湖北人，家居随县，也是老同盟会员。东征时他是东征军总部总参议，北伐开始任国民革命军总司令部总参议。包惠僧与他私交不薄。

何成浚此时的任务是与自称浙、闽、苏、皖、赣五省联军总司令的直系军阀孙传芳谈判，争取他保持中立。这是北伐军集中兵力、各个歼敌战略方针的一个组成部分。

包惠僧与何成浚交谈了几次，交谈的内容是当前东南五省的局势。

何成浚告诉包惠僧说："我到南京看过孙馨远，我们是老朋友，无话不谈。他很坦白地说：'国家已经弄成了四分五裂的局势，谁也奈何谁不得。我的实力保卫五省有余，支撑全局不足。我对南对北，一视同仁。章太炎先生很知道我，国民党的上层人士我也见过很多。孙中山先生的主义是不错的，但是国民党同俄国过激派和中国共产党搞在一起，那是很危险的。目前的国民党第一要统一和稳健，第二要驱逐过激派。蒋介石如果有这样的诚意、这样的决心，我们是可以商量合作的。'他已宣布保境安民。这是对北伐军与直系军队之间的中立态度，这是于我们有利的。"何成浚说的孙馨远就是孙传芳。孙传芳所谓的"俄国过激派"指的联共（布）。

包惠僧问何成浚："你是怎样答复他的呢？"

何成浚说："我告诉他，国民党是有数十年历史的一个党，没有俄国的过激派以前就有国民党，中国共产党不过是纸上谈兵的一些书呆子，这不过是一时的策略，谁不跟谁做朋友呢？这都是小问题，蒋总司令的内心很有方寸。北伐军的主要敌人是武力统一的吴佩孚，他是我们的共同敌人，所以我们要联合起来共商国是。"

包惠僧说："你这一段话对孙传芳说，倒是对症下药。不过，你说的'共产党人不过是纸上谈兵的一些书呆子'、'这不过是一时的策略'、'蒋总司令的内心很有方寸'这几句话，我听了很难过。我怕你将来也陷进破坏孙总理三大政策的迷途，走右派的路。至于孙传芳，那是反革命定了的，无足计较。"

何成浚说："那倒不会。我搞了大半生军队，没有搞政治的兴趣。我不是国民党的左派，也不是右派。现在是这样，将来也是这样。有人说我是黄兴派，其实我同黄克强是同学，是朋友，我同他搞过军队，当过他的军务厅长，就是如此而已，有什么黄兴派呢？你们也认为蒋介石是中国革命中不可少的一个人，我也是这样看法。我现在是帮他的忙。他要我尽可能地拉住孙传芳，不叫他同吴佩孚合作，你想我同孙传芳除了这些以外，还有什么话好说呢？我同陈仲甫也是老朋友，你一定不要把我们今天的谈话告诉他，他发起火来，不仅是要骂出口，而且要写出文章登在报上，那我可真是招架不了。"

包惠僧一向认为何成浚是个滥好人。他不懂政治，不懂革命，却肯帮朋友的忙。他的朋友各种各样的都有，从保皇党、国民党右派和左派、醒狮派、无政府党到共产党，他都有来往。

包惠僧曾经同何成浚开玩笑说："你同蒋老总是一样的。他是无论什么党派什么主义，只要服从他的就是同志。你是无论好人与坏人，革命的或是反革命的，只要同你往来就是朋友。对吗？"

何成浚说："我这样待人处事还会错吗？"

包惠僧笑着说："就是怕到了紧急关头，你不知道跟谁做朋友，走哪一条路了。"

通过这回在上海的几次交谈，包惠僧已看清了何成浚是要死心塌地跟蒋介石走的。包惠僧没能说服他，他也没有反驳包惠僧，两人各自保留着自己的见解。

又过了几天，包惠僧接到中央通知，要他回广州工作。据说周恩来给中央来了信，说第二军在后方招募新兵要成立政治部，而军副党代表、政治部主任李富春又要随军北伐，要包惠僧回广州担任这个后方政治部的主任，这样中央就决定包惠僧不到莫斯科了。

项英告诉包惠僧："如果广州方面不来电报要你回去，中央已经答应你在中央工作，不过张国焘不同意你再去搞工人运动，我同张国焘在争执中，接到广州的来电才把这个问题解决了。"

包惠僧只好让夏松云带着两个孩子到高邮娘家省亲，他同詹大悲等结伴回广州。

到广州后，包惠僧同詹大悲等人一起住长堤大新公司五楼旅馆部，遇上了住这里的西北军代表刘骥一行。刘骥与包惠僧是同乡，两人一见如故，谈得十分投机。刘骥希望包惠僧能到西北军去工作，并给他谈了一些有关西北军政治部主任、共产党员刘伯坚的情况。

第二天，包惠僧搬到惠爱西路普爱医院暂住，随后去找陈延年和周恩来接洽工作，方知情况又有变化。原来第二军在后方招募新兵的计划蒋介石没有批准，后方当然不用成立政治部了，包惠僧的工作就要另作安排。

这时，给一名共产党人安排工作，已不是一个简单的问题。陈延年要包惠僧自己去找谭延闿谈谈。谭延闿此时是国民党中央政治委员会主席兼国民政府主席。

包惠僧想，工作虽然是为了革命，但为了自己的工作去找人，总觉得不好意思，他没有马上去找。

过了几天，钱大钧请刘骥等人吃饭，请包惠僧作陪。送走客人，钱大钧又向包惠僧提起了要他回二十师的事。

还在北伐前夕，邵力子登报脱离共产党的时候，钱大钧就同王柏龄奉蒋介石之命给包惠僧送来一笔钱，劝他脱离共产党，仍回二十师任党代表，包惠僧没有答应。

钱大钧说："二十师不久也要加入前线作战，我们共事很合手，都是为革命而工作，校长很器重你，我希望你再考虑这个问题……"

"这个问题不好再提了，我同邵力子不同。谢谢你的好意！倒是我要去看看谭主席。我需要找一个心安理得的工作。"包惠僧打断钱大钧的话，言辞虽很委婉，态度却很坚决。

看到对方如此不容商量，钱大钧不得不亮底牌。他对包惠僧说："我老实告诉你吧，张主席要我留你，他还说要同你谈谈。"

钱大钧说的张主席就是张静江，此时是国民党中央常务委员会执行委员会主席。中山舰事件以后，汪精卫羞愤出走，去了法国，蒋介石便在不久召开的国民党二届二中全会上把半身不遂的张静江和"八面观音"谭延闿这两个傀儡推上党、政一把手的宝座，他自己则任中央组织部长兼军人部长掌握实权，初步实现了他集党、军、政权于一身的目标。就是这次会议，通过了那个限制、排斥和打击共产党人的《整理党务案》。

包惠僧想："我同张静江只在蒋介石家见过一面，素无来往，他为什么这样重视我呢？显然是蒋介石的拉拢计。"

第三天一早，包惠僧按照约定的时间，来到太平沙高等街老湘军司令部见谭延闿。

谭延闿对他说："你的工作，我们商量过。张主席的意见还是希望你到前方去工作。我想由政府给你一个名义，请你陪西北军代表到前方去工作。走陆路太辛苦，你们可以先到上海。武汉、南昌不久可下，你们到上海用电报同总司令部联系，再决定前进。这样安排可以吗？你如果同意，我就打电报给介公。"谭延闿说的介公就是蒋介石，他在北伐开始的时候又当上了国民革命军总司令。

包惠僧表示同意。谭延闿要他休息几天，等候通知。

随后几天，包惠僧几乎天天同刘骥、钱大钧等人在一起，不是喝酒就是打牌。就在这时，夏松云带着孩子回到了广州。

大约过了一个星期，包惠僧收到一份委任他为国民政府特派员的简任状，同时收到的还有一封谭延闿给蒋介石的亲笔信。

包惠僧马上向周恩来、陈延年汇报，准备北上。

周恩来告诉包惠僧，他不久也将到武汉，蒋介石请他担任国民革命军总司令部武汉行营财政委员会主任委员。周恩来要包惠僧到武汉后先找邓演达。邓演达此时是国民革命军总政治部主任、国民革命军总司令部武汉行营主任兼湖北政务委员会主任委员。

总算有了一份工作！包惠僧那颗动荡几个月的心，终于安定下来。

再返江城

包惠僧陪同刘骥等人到达汉口的时候，已是 9 月 20 日左右。这时，汉口和汉阳已被北伐军占领，武昌还在围城的战斗中。

他们是 9 月上旬从广州乘海船先到上海，然后乘太古公司轮船抵达江城的。

包惠僧走上码头，不禁感慨万千。两年前他从这里离开的时候，正是仲春时节，而在直系军阀统治下的江城，却没有一点春意；如今重踏故土，这里已成民众的天下，展现在他眼前的是一派热烈的革命景象，就如这火炉般的天气一样。

武汉行营交际处的人员在码头迎候。包惠僧一行被接到旧俄租界中央旅社下榻。

晚上，包惠僧应约来到南洋大楼与邓演达见面。武汉行营办事处设在这里。

两人见面以后，包惠僧谈了些他在广州、上海的见闻，邓演达谈了些北伐的情况。

包惠僧将周恩来的信交给邓演达，又把谭延闿给蒋介石的信交邓演达转呈。

邓演达要包惠僧就在武汉工作，担任武汉新闻检查委员会主席，不必到南昌去。邓演达还说，西北军的几位代表也暂时安置在武汉，由包惠僧代表行营同他们联系。

第二天上午，包惠僧按邓演达约定的时间，陪同刘骥等人来到行营办事处，邓演达同这几位西北军的代表谈了一个多小时。

邓演达请刘骥暂任武汉行营参谋长。刘骥说他到南昌见了蒋介石后还要回西北军，不能参加行营工作。邓演达说中原会师，为时当不在远，蒋介石马上要来武汉，他来电请刘骥暂时不必到南昌。刘骥只好说请示冯玉祥以后再决定。最后双方约定，过几天再谈。

回到旅馆，刘骥对包惠僧说，行营的工作他不能干，若行营给他一个适当的名义，他可以在河南收编一些民军队伍，或许可对将来会师中原有些作用。他要包惠僧先同邓演达谈谈。

次日一早，包惠僧就来到行营办事处，向邓演达汇报了刘骥的想法。

邓演达考虑了一下说，这是个值得研究的问题，不能不慎重其事，须请示蒋介石之后才能决定。

谈完西北军代表的事，邓演达又要包惠僧同他一道去南湖视察攻城部队的作战情况。他对包惠僧说："这次北伐战争，在中国历史上是个大事。你没有参加作战，去看看我们的战地情况，也是增加一次经验。"说着就拉起包惠僧往外走。

包惠僧不由自主地同邓演达上了汽车。他们在清芬二马路下车，步行到龙王庙江边，改乘小火轮。

小火轮紧靠江北岸行驶，很快来到龟山头的晴川阁下。这里是江面最窄处，在船上能清楚地看见对岸武昌城墙上的北洋军哨兵。

包惠僧打趣地对邓演达说："如果敌人向我们开火，我们这只小火轮必然被打沉。你是攻城军的工兵司令，倒是死得其所。我怎么算呢？将来烈士祠中不好安我的座位啊！"

邓演达告诉包惠僧，这样的危险期已经过去了，现在武昌城内敌人差不多是弹尽粮绝，双方已停火三天了。

接着，邓演达讲起了他不久前在武昌攻城战中的一次历险。那天，他同周恩来的弟弟周同宇并马站在洪山北麓督战，周同宇中弹负伤，他却只是马受了伤，人从马上跌了下来。讲到这里，邓演达十分兴奋。他说："子弹头上有眼睛，谁该挨打，谁不该挨打，好像是有数存焉。我在洪山作战这样的事，不只碰着一次两次，我都是履险如夷。不过前年有个江湖术士，据说相看得很灵。他说我39岁要死于战场，我不信，我也不怕死于战场。"

包惠僧接着他的话头说："相传无论何人，逢9不利：岳飞是39岁死的，胡林翼是49岁死的，周瑜是29岁死的。"

邓演达说："人生总有一死，如何死法，也是碰机会。不过我愿意战死沙场，不愿意像岳飞那样死法。"

包惠僧万万没有想到，邓演达竟没能活到岳飞的年龄，死法却与岳飞相差无几！

船到南湖，包惠僧同邓演达走上码头。第四军司令部早有人在这里迎候，张发奎、朱日晖、叶挺、黄琪翔等四军将领都接到司令部大门之外。包惠僧同他们在广州分别虽只两个多月，革命形势却发生了胜过往昔几年的变化，今日在前线重逢，感到分外亲切愉快。

坐了一会儿，将领们开始汇报攻城战斗的情况和部署，邓演达拉包惠僧一起听。

听完汇报，邓演达作了几点攻城的指示，就与叶挺等人去巡视攻城的工事和部队。

包惠僧正准备同邓演达一道走，张发奎拉住他说："正在雨后，路不好走，何必无缘无故地去吃那个苦头，冒那个危险呢？邓大主任是责任关系，他去巡视一趟，对攻城部队有加油作用。你要是去了，也许敌人发现新目标开上一炮，也很难说。"说罢哈哈大笑起来。

邓演达也要包惠僧就在司令部等他，包惠僧便留了下来。

张发奎叫勤务兵开了两盒牛肉罐头，拿出一瓶白兰地，同包惠僧坐下来，一面喝酒，一面谈论北伐军一路作战的情况。

张发奎说这次战争是以寡胜众，以弱胜强，胜利的主要因素是民气。他讲了一些在湖南、湖北战场工人、农民配合北伐军作战的事例。"民众的伟大力量，在这次战争中的作用是了不起的。在这样军民一体、万众一心的情况之下，会师中原，为时当不在远。"他颇为乐观地对包惠僧说。

包惠僧问："在这次战争中政治工作的作用如何？廖乾吾主任的工作情况怎样？"张发奎这时是第四军第十二师师长，廖乾吾是这个师的政治部主任，包惠僧时刻惦念着这位老战友。

张发奎说："很奇怪！一个老头子，因为他是共产党员，他的生活和动作一切都不老了。廖主任被称为我们全师的母亲。他的一切同一个青年人一样。他在部队中，从我一直到士兵都处得很好。他联系军民、调和上下的办法很多。他特别注意士兵的疾苦。我们一路行军与作战，我们的官兵没有一个掉队的，士兵也没有开小差的，政治工作起了很大的作用。"

包惠僧同张发奎一面谈话，一面喝酒，一瓶白兰地快喝完了，邓演达一行才回来。吃过午饭，他们便动身回汉口。船到龙王庙码头，已是黄昏时分了。

分别的时候，邓演达要包惠僧告诉刘骥，工作要进行，名义总有办法，不要叫他失望。

回到旅馆，包惠僧把同邓演达谈话的情况告诉刘骥，刘骥表示满意。他告诉包惠僧，他已找到特一区坤厚里 1 号的一栋楼房作为西北军驻汉办事处，请他同他们一起搬到那里去住。包惠僧考虑到那样更便于联系，就爽快地答应了。

过了一天，邓演达告诉包惠僧，蒋介石已同意任命刘骥为河南招抚使，并要他同豫北招讨使蒋世杰取得联系。邓演达要包惠僧叫刘骥写一个收编河南各部队的意见。

包惠僧马上转告刘骥。可刘骥的意见还没有送上去，任命他为河南招抚使的委任状就发下来了，还发来 2000 元作招抚使署的开办费。刘骥感动不已，也对包惠僧感激不已。

刘骥后来收编的部队，在会师中原的战斗中起到了一定的作用。

包惠僧此时是身兼二职。按照邓演达的安排，他上午到行营办公，下午到新闻检查委员会上班。

这个新闻检查委员会是省市党部、省市政府同武汉行营、国民革命军总政治部联合组织的。

这时，因为北伐军刚到武汉不久，党政军各方面之间发生了一些矛盾。军事将领因受国民革命军总司令部组织条例的约束，强调军事时期一切要服从军事；而省市党部及各报社则在高涨的民主潮流影响之下，过分强调民主和自由。

时任国民革命军总政治部宣传科长的郭沫若因为站在军人一边，与各报社及省市党部对立情绪很大，使宣传工作受到影响。邓演达对此很伤脑筋。

新闻检查委员会就是为解决这些矛盾、推动宣传工作而设的。邓演达考虑到包惠僧是共产党员，又是湖北人，在武汉的人事社会关系比较熟悉，过去又搞过新闻工作，担任新闻检查委员会主席比较合适。

包惠僧知道这个工作很难做好，当邓演达提出要他担任这个职务的时候，便不想接受，但又不好硬性推辞。

邓演达看出了包惠僧的心思。他斩钉截铁地对包惠僧说："你不要犹豫不决，这项工作一定要你做，并且要做好。把这项工作安排好了，等到有适当的人代替你的时候才能搞别的工作。"

包惠僧被邓演达的热情和信任感动了。

接受这项任务以后，包惠僧就拟定了一个新闻检查办法，接着又召集各报社代表开了两次座谈会，听取他们的意见。

摸清了情况，立定了章法，包惠僧便在普海春饭店举办新闻记者招待会，并请邓演达出席主持。

邓演达在招待会上致辞。接着，各报社代表讲话，一致要求发扬民主，放宽新闻检查的尺度。

会上，郭沫若同《武汉商报》的总编辑邹碧痕因意见不合，拍桌对骂起来。招待会不欢而散。

李汉俊把包惠僧拉到一个小房里，要他提醒邓演达注意："我们不能打击民主，压迫舆论。我们是革命军，是革命政府，不能做得太不像样。"李汉俊这时是湖北省政务委员会委员。他显然是支持邹碧痕的。

第二天，包惠僧将李汉俊的话转告邓演达，邓演达表示同意李汉俊的意见。他对包惠僧说："昨天搞得不好，应该设法补救。"

10 月 10 日，北伐军攻克武昌城。随着形势变化，新闻检查委员会裁撤，包惠僧又接受了新的工作任务。

在母校旧址

武汉三镇被北伐军相继攻克以后，逐渐成为中国革命的中心。为了培养更多的军事政治人才，以适应革命战争的需要，国民党中央决定在武汉筹建国民革命军中央军事政治学校分校。

国民革命军中央军事政治学校系 1926 年 3 月由中国国民党陆军官学校和国民革命军各军开办的军事学校合并而成，校舍仍在陆军军官学校原址，故仍通称黄埔军校。

筹建武汉分校的重任又落在邓演达身上。

邓演达既要主持武汉行营，又要主持湖北省政务委员会，用“日理万机”形容他的繁忙是一点也不过分的。他必须物色一名得力的助手，负责筹建武汉分校的具体工作。

随着新闻检查委员会的裁撤而空职的包惠僧，成了邓演达圈定的人选。

筹建工作的第一件事是选校址。包惠僧跑了好多地方，才在武昌紫阳桥的烈士祠旁找到了一所停办的中学。他觉得这里离行营近，联系工作方便，就把招牌挂了出来。

过了几天，邓演达来这里察看。他说：“这像一座城隍庙，哪里容纳得了 5000 学生呢？须找一个像黄埔军校那样规模的校舍才行。”

这下可忙坏了包惠僧，他又带着几个工作人员在武昌跑了两天，最后找到两湖书院旧址，也就是他的母校——湖北省立第一师范学校校舍。这里虽然没有黄埔军校那样多的房子，但尚有扩建的余地。

因为打仗，一师也和武昌的其他学校一样停办了。包惠僧请邓演达来看了一下，邓演达说可以，他便与湖北省政务委员会教育科联系，把这里的全部房屋接收过来，开始改修扩建。

包惠僧曾在这里度过了 5 年寒窗生涯。他没有想到，在 9 年以后，会由他这位当年的学子来改变母校的面貌。他有一种成功感，更有一种使命感。

校舍修建工程进展很快，仅一个多月就竣工。校舍刚刚建成，黄埔军校第五期一个总队就开到这里。

筹建工作的第二件事是拟订教育纲领。这项工作是邓演达提出来的。本来，黄埔军校已有一套教育纲领，作为分校，只要照办就行了。但那一套完全是以蒋介石为中心，邓演达很不满意。他要包惠僧同共产党方面搞理论工作的同志商量一下，多吸收一些进步人士的意见，起草一个教育纲领。

邓演达同包惠僧谈了自己的一些想法，希望他把这些写进纲领里去。

邓演达说：“总理没有说过国民党是代表资产阶级的党，校长及我们很多懂理论的同志也没有说国民党是代表资产阶级的党，事实上国民党并没有任何资产阶级的物质基础。共产党说国民党是反帝反封建军阀革命运动中的联合战线，联合战线中每一个成员都应该有他的自己的阶级立场。民国十三年孙先生改组国民党之后，从它的宣言政纲都说明它是半封建半殖民地中国的工农小资产阶级劳苦大众的党，它是带无产阶级性质或是半无产阶级的或是资产阶级与无产阶级之间的党。无产阶级的革命任务，中国国民党是有份的。有些共产党人硬说国民党是资产阶级的党，那是错误的。把国民党只认为是反帝反封建军阀的联合战线为止，而不明白认识它是哪一个阶级的党也是不够妥当的。现在有人把共产党认为是国民革命运动中的客体，甚至反对工农运动，那更是大错特错，是违反总理遗教的。"邓演达这里说的"有人"，指的就是蒋介石。

这下可叫包惠僧为难了，邓演达这些见解分明是中间路线的理论。作为一名共产党员，他不能把这些东西写进纲领；但作为邓演达的直接下属，他又不能不按他的指示办事。

包惠僧把邓演达的意见书面报告尚在上海的中共中央。中共中央派张国焘和他谈话。张国焘这时是中共中央驻武汉的代表。

张国焘对包惠僧说，目前用不着在这方面大做文章。他要包惠僧告诉邓演达，我们同意他的思想方向，至于理论问题还是照孙中山的三大政策贯彻执行就够了，不必另搞新的东西。

包惠僧按张国焘的意见同邓演达谈了几次，邓演达还是坚持他的意见，并要包惠僧按他的意见把教育纲领写出来。

后来，邓演达又催了几次，包惠僧也没有动笔。直到邓演达在校本部召集的一次会议上正式提出这个问题，包惠僧才以他的讲话记录为基础进行修改补充，完成了这个教育纲领。

筹建工作的第三件事是招生。邓演达很重视这件事。他亲自担任招考委员会主席，日常工作由包惠僧代理。

包惠僧在招生工作中遇到的最大难题是计划名额有限，要求上学的考生太多。按招考章程规定，考生应先由各省初试，合格者再送武昌复试。可各地来的考生差不多都带有当地负责同志的介绍信，或要求予以全部录取，或要求免予复试，这些负责同志又差不多都是包惠僧多年的同志或朋友。他不得不天天接见这些考生，开始人少，在办公室谈，后来人多了，在会客室见，最后越来越多，只得到大礼堂接见了。但接见也只能说说道理，不能满足他们的要求。这样，有些考生就发传单，贴标语，发动请愿，甚至扬言"自杀""暗杀"来威胁学校。学校不得不采取严密的警卫措施，保证复试顺利进行。

通过复试，共录取男生 986 名，女生 195 名。这些新生入伍不久，邓演达到广州参加国民党中央讨论国民政府迁都的会议，行前将校务交包惠僧代理。就在邓演达离开武汉的几天里，孙文主义学会骨干分子金亦吾、左铎、陈希平等人制造了一起事件。

这天是星期六，下午 2 时，包惠僧接到一个以"军校全体官佐"落款的通知，要他当日下午 3 时出席一个会议。

包惠僧不知道是什么会，问各单位负责人，大家都说不知道。正疑惑间，他的副官跑来向他报告。副官说听入伍生第二队队长陈希平讲，今天的会是黄埔同学会武汉分会召集的，他们对学校的用人行政有意见，要包惠僧出席答复。

包惠僧想，他们召集这样的会议是违犯军纪的，可以不理，也可以派卫兵解散他们，但那样都不能解决问题，还是去直截了当地处理比较合适。想到这里，他便带着一个副官来到会场。

会场上只有二三十人。见包惠僧进来，约有一半人站了起来，其余的仍坐着不动，但一个个都对包惠僧怒目而视。

包惠僧坐下来问："这个会是谁召集的？为什么事前没有报告？"

沉默了一会儿，左铎站起来说："是同学会发起的。"

包惠僧问："为什么用全体官佐的名义呢？我问各单位的主官都说不知道。你们有什么意见随时可以来找我谈。你们这样做，是违犯军纪的。"

左铎愣住了，金亦吾站起来说："我们是一个主义、一个党、一个领袖。校长给同学会的任务：我们有权监督学校的行政和人事。"左铎和金亦吾都是黄埔前几期毕业的，在学校等候安排工作。

包惠僧说："我是代理校务，是代替校长主管学校行政和人事，你们知道吗？你们要为校长效忠，就要服从命令，维持军纪。"

金亦吾怒发冲冠，指着包惠僧说："你不公平，我们在这里候差候了一个多月，你不分配我们的工作。你是压迫我们的，你是一个跨党分子，你是国民党的叛徒，你是一个共产党……"声音越说越大，最后竟掏出手枪往桌上一扔，说："不马上解决我们的工作问题，我们就拼！"

陈希平一把夺过金亦吾的手枪，要他不要放肆。陈希平也是这次事件的发动者，但他怕搞出事来受处分，就先向包惠僧的副官透了点风。

包惠僧气得直发抖，他一拍桌子站起身，大声说道："这完全是暴动！叫卫兵司令来！"他想把这几个家伙扣留起来，至少也要把金亦吾、左铎关禁闭，把陈希平撤职。

回到办公室，抽了一支烟，包惠僧的头脑冷静下来了。他想，这不是反对我个人的问题，而是国共合作中的矛盾问题，一定要慎重处理。他对赶来的卫兵司令说："门卫要谨严一点，从总办公厅到前后门加岗卫，校内各处派巡查，所有候差人员的私人手枪一律交警卫室登记保管。马上执行，不另下命令。"

接着，包惠僧拟了一份十万火急的电报，将此事报告邓演达，请他提前回校。

第二天，邓演达复电包惠僧，要他对学校积极负责，对滋事官佐严加管束。

几天以后，当邓演达回到武昌的时候，事件已经平息了。包惠僧在汇报事件及处理经过以后，请求卸除代理校务责任。邓演达慰勉了一番，仍要包惠僧继续负责。

后来，邓演达又在一次大会上把那些滋事的官佐骂了一顿，给金亦吾、左铎各记大过一次，安排到警卫团工作。

可是，那些孙文主义学会分子并不甘心自己的失败，他们竟然给蒋介石写了这样一份添油加醋的报告："共产党压迫国民党员，包惠僧任用私人，把持校务，邓演达包庇共产党，包庇包惠僧。"

不久，邓演达到南昌同蒋介石商量国民政府迁都的问题，蒋介石问邓演达："包惠僧在武汉干什么？"

邓演达说："在行营帮忙，代理军校校务，还没有派固定职务。"

蒋介石把一份署名"黄埔同学会武汉分会"的报告交给邓演达，说："用这个人要慎重，他是不容易驾驭的。学生的意见固然不一定都对，但总是自己人，总应该好好地安置他们。这个报告交给你去处理吧。"

邓演达回到武汉后，就把这个报告交给包惠僧，并把蒋介石的话告诉了他。

包惠僧看完报告，非常生气。他对邓演达说："蒋老总偏听学生一面之词，你就应该根据事实说明是非曲直才对啊！"

邓演达却说："这是个小事，当时他很忙，我不可能把这件事同他扯得很长。我已同他说过，你要到南昌去看他，他也答应请你去。我想稍缓你到南昌去一趟，见了面一切就明白了。他也没有把这件事认真处理，报告上他没有批一个字。他交给我就等于说他知道了。我交给你看，也就说我知道了。你看了把它扔在纸篓里不就完了吗？还生什么气呢？"

包惠僧见邓演达对这件事如此不在乎，心里很不高兴。

不久，蒋介石从九江乘船来到武汉巡视，武汉举行了盛大的欢迎会，包惠僧也同行营及军校的高级人员来到文昌门外的江边。

到了行营，包惠僧不愿见蒋介石，想借故走开，邓演达却把他紧紧拉在一起。当蒋介石同他握手的时候，他耳边突然响起"包惠僧在武汉干什么""这个人不好驾驭""用这个人要慎重"这几句浙江话，因此他只冷冰冰地说了两个字："您好。"

第二天，蒋介石来到军校巡视，包惠僧向他简要汇报了筹备情况，邓演达作了补充说明。蒋介石没表示什么意见，只是心不在焉地说了几声"好"。把这个场面应付过去后，包惠僧就再也不见蒋介石的面了。

过了几天，晚上 11 点钟左右，包惠僧接到邓演达打来的电话。邓演达说："总司令一两天就要走了，明天早晨 7 点到 8 点，你去看看他，同他谈谈你的工作问题。"

包惠僧说："我不是要到鄂军第一师去吗？"

邓演达说："就是去也应该同他谈谈。"

包惠僧只好答应。可第二天他没去，因为就在这天夜晚 12 点，也就是在邓演达给包惠僧打电话后 1 小时，蒋介石就悄悄地乘船离开武汉回南昌去了。

那包惠僧说的要到鄂军第一师，又是怎么回事呢？

夏斗寅师党代表

原来在邓演达从南昌回来跟包惠僧谈了那次话以后，包惠僧就对邓演达有了看法。他认为邓演达不支持他，所以想离开军校，甚至想离开武汉。

正在这时，李汉俊受夏斗寅之托，来请包惠僧到这个师去主持政治工作。

夏斗寅是湖北麻城人，曾任鄂军第一路军第一梯团司令，所部后来编入国民革命军，参加北伐战争，受第八军军长兼北伐军前敌总指挥唐生智节制。夏斗寅原是李书城的旧部，同李汉俊有交往，便让李汉俊来找包惠僧。

李汉俊对包惠僧说，现在真正的湖北军队只有夏斗寅这一师人，我们应该帮他的忙，把这一部分军队整理好，这样我们湖北人在革命战线上才有作用。

包惠僧被李汉俊说动了，他答应同邓演达商量后再决定。

第二天，包惠僧到行营开会。散会以后，他向邓演达提出了这个问题。

邓演达说："那是个杂牌队伍，希望不大，你何必要搞这个工作呢？我想，过几天你到南昌去一趟，把蒋老总应付好了，湖北方面需要你做的工作很多。我们能够常在一起工作不好吗？"

包惠僧说："我不想做官，我对部队生活很感兴趣，而且湖北人就是这一点军队，我是湖北人，有责任把这部分军队搞好。"

"如果真能把这一部分军队整理训练好，使湖北人自己能看住自己的大门，为北伐军建立起一个军事据点，对于北伐统一大业，倒也有点意义。"邓演达似乎听进了包惠僧的话："不过，你让我通盘考虑一下，明天再答复你。目前还是军校重要。"

次日晚上，包惠僧如约来到行营，邓演达递给他一本夏斗寅师的编制员额底册，说："我同意你暂到鄂军第一师去工作。不过，这个师只有两团可用之兵，第三团刚成立，还是徒手。你最好先去看一看，看看官兵的素质、武器的装备、战斗力的强弱，看看夏斗寅及所属三个团长是否还有点朝气，是否有改造的希望。你看了以后，再作决定。如果这个部队有点希望的话，将来武器可以补充，编制可以扩大。"

几天以后，包惠僧按邓演达的意见，来到鄂北应山第一师防地视察。

第一师除第一团有两个营在关口铺布防以外，其余各部都在县城集中训练。

夏斗寅很隆重地接待了包惠僧。在专门为他举行的阅兵式上，包惠僧发表了一个多小时的演说。夏斗寅还陪他参观了营房，检查了内务。

这个师的几个主要官佐除第一团团长万耀煌是北京陆军大学第一期毕业外，其余都是保定军官学校毕业，素质都很好。士兵全部是两湖子弟，素质也不错。

包惠僧分别同几个主要官佐进行了长谈，了解到不少具体情况。

这个师的军需处长是包惠僧本家的一个叔辈，一直跟着夏斗寅当兵拖队伍，情况很熟悉。通过这位叔辈，包惠僧摸到了真底。

在应山待了三天，包惠僧就赶回武昌向邓演达汇报。他告诉邓演达："这个部队是有前途的。"

邓演达同意包惠僧到第一师，并立即电请蒋介石委任包惠僧为第一师党代表兼政治部主任。

蒋介石很快复电照准。夏斗寅为了整军扩编，迫不及待地要包惠僧就职视事，邓演达却要包惠僧还在行营帮些时忙，夏斗寅便在荆门防地代包惠僧发表了就职通电。

邓演达要包惠僧暂留武汉的真实用意有三：一是军校人事尚未确定，他需要包惠僧继续负责；二是蒋介石将到武汉，他希望包惠僧与蒋介石见见面；三是他要介绍包惠僧同唐生智谈谈。

不久，军校人事安排揭晓，包惠僧交卸了那里的责任。接着，蒋介石抵汉，便有了上节谈到的那两次不愉快的见面。

过了几天，鲍罗廷到达武汉，行营举行了盛大的欢迎宴会。会后，邓演达介绍包惠僧同唐生智见面。

不知为什么，包惠僧一见唐生智就觉得不愉快。寒暄过后，唐生智约包惠僧次日到汉口前敌总指挥部详谈。第二天包惠僧来到前敌总指挥部，唐生智却又不在那里。

这三件事都办完了，包惠僧便准备到荆门一师防地视事。行前，他来到行营向邓演达辞行。

邓演达对包惠僧说："这个部队很快就要改为直属中央，不受唐生智节制。你先去作一个准备，对整理训练方面要加强。整理好了，将来要调到前方作战。编制可以按照甲种师的规定。"

回来以后，包惠僧给陈独秀写了一封信报告自己的行期，陈独秀复信要包惠僧同张国焘接洽，包惠僧因不愿见张国焘便没有去，不料因此铸成了大错。

包惠僧到达荆门的时候，已近 1927 年春节，他受到全师官兵的热烈欢迎。

当天晚上，夏斗寅同包惠僧谈了大半夜扩编的事。夏斗寅看到八军所属的何键、李品仙、刘兴几个师都扩编成了军，他也想将一师扩编成军。

包惠僧却认为不可操之过急。他对夏斗寅说："第一，你加入国民革命军不久，没有战功。第二，你还只有两团可用之兵，实力距离军的编制还很远。第三，你同任何方面的人事关系都不够。你应该埋头苦干，先把队伍整理好，其次争取到前线去打几个胜仗。人事关系我尽可能替你联系，你如果过于在名誉地位方面计较，给上面不好的印象，我说话就困难了。"

夏斗寅接受了包惠僧的意见。第二天，他便与包惠僧召集营以上官佐专题讨论整编事宜。经过两天讨论，会议决定全师编为 4 个团、1 个独立营，请领步枪 3000 支，请酌发机关枪、迫击炮、野战炮等武器。

会后，包惠僧即与夏斗寅联名直接报告行营请求核办。

包惠僧还单独给邓演达写了封信，请他特别关照。这事他们没有给前敌总指挥部打招呼，就因为这，后来出了麻烦。

正月初一，包惠僧和夏斗寅率部从荆门出发，移防宜昌。部队到达宜昌后，即开始整训。

包惠僧完全按党军时代的办法训练部队：在师、团、营、连各级成立国民党组织；改善行政管理，废除对士兵的体罚；进行政治军事教育，开展文化娱乐活动。同时，还设法将全师的给养由原来每月的 12 万元增加到 15 万元，保证给士兵按月发饷。

经过两个月的整训，部队士气为之一振，面貌大变。这时，总司令部已颁发新番号，将第一师改为独立第十四师。

3月中旬，总司令部点验委员会到宜昌点验驻防部队。这时驻防宜昌的部队除独立十四师外，还有何键的三十五军两个师、王天培的新编第十军三个师。因为独立十四师是新编制、新旗帜、新服装、新武器，又经过了两个月的整训，其军容之盛、纪律之严便与众不同，加上包惠僧与点验委员会的成员多为旧识，难免一些人情上的关系，十四师便在这次点验中占了上风。

独立十四师此次的出类拔萃，引起了何键的嫉妒，因为他们都是唐生智的属下。夏斗寅担心地对包惠僧说，他们扩编没给唐生智打招呼，可能要出麻烦。他主张请求邓演达把十四师调到前方作战，或者调防，以争取主动。包惠僧表示同意。过了几天，他们便分电邓演达、蒋介石，请将独立十四师调到前方作战。

不料，这个电报却落到了唐生智手里。远在宜昌的包惠僧哪里知道，此时的武汉已进入提高党权运动与酝酿反蒋斗争，邓演达已到河南部署第二次北伐。

唐生智接到这个电报后，即一面要第八军政治部主任、中共湖北区委委员彭泽湘报告共产党方面，说包惠僧同夏斗寅勾结蒋介石将对武汉国民政府不利，一面以前敌总指挥名义电令夏斗寅立即回汉。

夏斗寅接到电报，知道出了麻烦，他要包惠僧请邓演达支持他。包惠僧把胸一拍，说："你大胆地去，天大的事我负责任！"

夏斗寅一去十余日无音讯，包惠僧正在焦急中，收到了中共中央要他速回武汉的电报。他知道，这事已经两面发作了。

已经升任副师长的万耀煌召集团长以上官佐会议劝包惠僧不要回汉。包惠僧想："我们并没有犯什么错误。我还有邓演达的靠山，唐生智也要受行营的节制，在这个小池塘里翻不了船，我怕他什么呢？"他对官佐们说："现在是我们的党要我回去一趟，我把情况说清楚了马上就可以回来。"他要大家一面在宜昌上游布防，警惕川军杨森部东下，一面随时将情况报告行营。

包惠僧乘商船回到武汉。他的家住武昌中和里，夏斗寅住汉口兰陵路十四师办事处。他在家里与夏斗寅通了电话。夏斗寅说："事情弄得很麻烦，邓主任还没有回来，我们见面再谈吧！"

第二天早晨，包惠僧赶到汉口宝康里中共中央办事处，见到了张国焘。张国焘向包惠僧提了三个问题："（一）夏斗寅为什么同蒋介石通电报？（二）你的工作情况为什么不向党报告？（三）你在宜昌花天酒地，行为不检。"他要包惠僧就这三个问题写一份书面报告，然后再讨论他是否回防。

显然，张国焘把问题看得很严重，包惠僧却认为他是小题大做。包惠僧拒绝写书面报告，当即就这三个问题作了口头说明。

张国焘没有坚持自己的意见，只说过两天再谈。

随后，包惠僧便来到兰陵路找夏斗寅，夏斗寅出去了，没找着。

过了两天，张国焘通知包惠僧到办事处。包惠僧赶到办事处，见彭泽湘也在那里。他们三人开始谈话。

彭泽湘首先发言。他对包惠僧说："你在独立十四师整训扩编的计划没有呈报唐生智批准，是破坏制度，违犯军纪。其次，我是你的上级，你的工作从来没有向我报告，你是藐视长官。"

包惠僧从来就看不起彭泽湘，今天一听他这一套官腔，就火从心头起。他马上来了个以牙还牙："你的话只好摆在《向导》'肉麻世界'那一栏内。今天在我们党内说话，说不上什么藐视长官。况且我是独立十四师的中将党代表，你是第八军的少将政治部主任，从阶级方面说，你不能管我。从军事系统说，独立十四师是中央直属部队，与第八军没有隶属关系。再就事实说，唐生智歧视鄂军第一师；压迫夏斗寅是众所周知的，行营派我去整编这个师，为湖北培植一点地方势力，为北伐军巩固后方之用，这是邓演达的计划，他可以为我作证。你不明事实，不明体统，你摆什么官僚架子呢？"

彭泽湘也不甘示弱，两人拍桌对骂起来。张国焘劝解了好一阵，双方的火气才渐渐平息。

张国焘平心静气地对包惠僧说："八军与独立十四师的关系问题不大，

与蒋介石通电报的问题也算说明白了，邓演达交给你的一个任务——独立十四师整训改编的计划，你没有报告党，你在宜昌工作了三个多月，也没有报告党，这是违犯党纪的。其次，你是一个公开的共产党员，在宜昌出入于花天酒地，生活不严肃，也是违犯党纪的。"

包惠僧一向同张国焘关系不好，一说话就吵架。今天看到张国焘如此和婉的态度，包惠僧反倒觉得无话可说了。他对张国焘说："这两点是我错了，至于花天酒地，那是过甚其词；生活不严肃，那是难免的。"

包惠僧想，这回肯定被撤职，党内也要受处分。回家以后，他便主动向总政治部提出了辞呈。

因为包惠僧一个人把责任承担下来，夏斗寅便被唐生智允准回防宜昌。行前，夏斗寅来看包惠僧。

夏斗寅对包惠僧说："独立十四师的整训扩编是党代表一手造成的，我们全师官兵没有一个人不信任你，也没有哪一个不感激你。今天你自己下水，送我上岸，这样的公谊私情，我是永远不会忘记的。等邓主任回来，把话说清楚，我们还是希望你回防。如果万一你不能回去，将来无论你在哪里工作，我们的部队还是希望你照顾。"

说到这里，夏斗寅几乎掉下泪来。他继续说："唐生智这个人是很难共事的，我真怕他，我总要想办法脱离他的节制，不然我们的前途是很危险的。"

后来包惠僧回忆起夏斗寅这句话时曾说："这是他和万耀煌、张森常说的一句话，我也没有想到他究竟用什么方法来脱离唐生智的羁绊。"[①] 包惠僧更没有想到，仅仅两个月后，夏斗寅就实施了他那个把自己永远钉在历史耻辱柱上的"方法"。

夏斗寅回宜昌不久，邓演达从河南回到武汉。他看到包惠僧的辞呈后，立即派人把包惠僧叫到家里，把辞呈退还给包惠僧，要他立即回防。

---

① 《包惠僧回忆录》，人民出版社 1983 年版，第 306 页。

包惠僧说了一些工作上的困难。邓演达说："不成理由。"

包惠僧又说了他同唐生智的矛盾，说了那个电报引起的纠纷。邓演达说："那由我负责。今后独立十四师不受唐生智的节制。"

最后，包惠僧不得不说出他违犯了党纪，要受党内的处分。邓演达说："我替你证明，你是执行我的计划。"

包惠僧说："这是我们党内的事，你不能证明。"

邓演达说："这个部队我们费了这么大的气力，补充了那么多的饷械，你如果辞职叫谁去掌握这个部队？夏斗寅是个行伍出身的旧军人，他部下的将领同我们的关系不深，中原的战事已经开始，这个时候的军事形势是瞬息万变的。如果川军东下，独立十四师不好好地打两个胜仗把川军挡回去，武汉是很危险的，你们那些书呆子在这样的军事情况之下随便调动我所布置的重要负责人员，那是不行的。"因为这时鄂西其他部队都已开赴河南前线，只剩独立十四师驻防宜昌，所以邓演达如此着急。他说完这些，又要把辞呈退还给包惠僧。

包惠僧说："我不能这样做，我不能服从你的命令违犯我们党的命令。我本不该把我们党内的决定告诉你。我希望你不动声色地批准我的辞职，并希望你把我们的谈话严守秘密。我已经把我同你的革命的友谊置于我们的党之上了，我算是又犯了一次我们党的纪律。"

邓演达看包惠僧态度坚决，犹豫了一下，把辞呈放进了办公桌的抽屉。"辞呈我虽然收下了，独立十四师没有事则已，如果有事故发生，你仍然要负责任。你可不可以把我的意见报告你们的党？"邓演达似乎预感到了什么，他的语调很轻，语气却很重。

包惠僧说："适当的时候，我可以说一点，但不能说这么多。说多了就是强调我对独立十四师的作用，同志们会疑心我恋栈，更要责备我借外援巩固地位，那就是错上加错了。"

"唉——"邓演达摇摇头，无可奈何地长叹了一声。

嘉鱼历险

从 1927 年 3 月起，因为蒋介石接连在南昌、九江、安庆等地制造摧残革命力量的惨案，武汉地区的反蒋斗争便由酝酿而勃发形成一定的规模。4 月 12 日，蒋介石彻底撕毁假面具，在上海发动反革命政变，武汉地区的反蒋斗争便进入了一个新的阶段。

4 月 17 日，武汉国民党中央发布命令，开除蒋介石党籍，免去其本兼各职，将其捉拿严办。4 月 20 日，中共中央发表宣言，表示完全赞同国民党中央的决定，指出"蒋介石业已变为国民革命公开的敌人，业已变为帝国主义的工具，业已变为屠杀工农和革命群众的白色恐怖的罪魁"。4 月 23 日，武汉地区 30 万军民在阅马厂举行声势浩大的讨蒋大会，把群众性的反蒋斗争推向高潮。

就在这武汉三镇群情激奋、反蒋斗争风起云涌的时候，包惠僧却闲在家里——他辞去独立十四师党代表兼政治部主任的职务以后，还没有新的工作。

在这期间，包惠僧参加了两次欢迎汪精卫的大会。一次是在武汉中央军事政治学校举行的，参加的人员是党政军各机关的负责人及中央军事政治学校的全体官佐和学生。一次是在武昌阅马厂举行的，参加的是武汉地区的工人、学生、机关团体工作人员及市民 10 余万人。

汪精卫是蒋介石叛变的前两天到达武汉的。这位在西欧"休病"经年的原国民党中央执行委员会主席、国民政府主席下船伊始，就在《中央副刊》上写下了这样一段动听的话："中国国民革命到了一个严重的时期了，革命的往左边来，不革命的快走开去！"

据包惠僧回忆，"汪精卫在每次欢迎会上都作了长达二小时以上的讲演，对蒋介石的丑恶行为，骂得鲜血淋漓，维（惟）妙维（惟）肖，博得听众经久不息的掌声"。"当时他的主张和词锋不仅同共产党一致，而且比共产党还要'左'，他的讲演词共产党党报——《向导》周刊择要发表出来，可以想见汪精卫的政治态度了。"①

然而滑稽的是，刚刚过了三个月，这位"左"得出奇的"领袖"便与被他"骂得鲜血淋漓"的那个人物合在一起了！

武汉三镇的反蒋高潮一浪比一浪高，中原前线的北伐战事也一阵比一阵紧。蒋介石叛变以后，邓演达便成了北伐军的最高统帅，他一直在河南前方指挥作战。

这天晚上，邓演达突然回到武汉。一回到家里，他就写了一封信要副官送给包惠僧，请包惠僧立即到他家中商量一件事。

信上没说是什么事，包惠僧一接信就动身了。他本来就在家里闷得发慌，再则他也极想了解河南作战的情况。

见面之后，邓演达显得心思很沉重。他告诉包惠僧："河南的战事，快要告一段落。我们同奉军张学良部血战了十几天，现在已到开封城下。仗是我们打胜了，可是我们的损失很重，叶挺一师损失三分之二以上。蒋先云团长阵亡，真可惜，他是第三次受伤才死的。他第一次受伤，叶挺接着报告就要他退下来休养，他不肯。他是打最前线的正面，他发誓要活捉张学良。全团官兵在他的鼓励之下，非常激动。他们在敌人的密集炮火之下，勇往直前。第二次受伤，他没有报告。最后，在开封城外的飞机场上战斗，如果张学良不跨上飞机逃跑的话，真可能活捉住了张学良，可是张学良逃了。他统率的一团官兵，大部分战死，他就壮烈地牺牲了！"

听完邓演达的话，包惠僧悲喜交集。喜的是我们取得了胜利，悲的是这么多同志牺牲，特别是蒋先云之死——他才 25 岁啊！

① 《包惠僧回忆录》，人民出版社 1983 年版，第 322 页。

蒋先云是湖南新田人，1921年加入中国共产党，黄埔军校第一期毕业，毕业后留校工作，是青年军人联合会的发起人和主要负责人之一，第二次北伐任国民革命军第十一军二十六师七十七团团长兼党代表。

进军河南前夕，蒋先云专程来看过包惠僧，他对统一战线濒临破裂的现状感到非常忧虑。他同包惠僧握别时说："带兵打仗比做政治工作简单些、痛快些，如果有机会战死沙场，尽了我的责任，倒落得一个干净痛快！"第一次北伐时，蒋先云任北伐军总部秘书，在蒋介石直接领导下工作，后来他毅然脱离蒋介石从南昌来到武汉，但因为党内有的同志对他不了解，反给了他留党察看的处分。包惠僧对他有同病相怜之感。

这时，包惠僧才意识到，蒋先云对自己的战死是早有思想准备的。想到这里，包惠僧不禁鼻子一酸，差点流下泪来。

沉默了一会儿，邓演达接着说："我找你来有一个紧急的任务。这件事我早在意料之中，现在发作了。"

包惠僧有些惊奇，正待要问是什么事，邓演达先发问了："你最近同夏斗寅方面通消息没有？"

"没有。"包惠僧答。

"昨天的情报，川军杨森部已于本月5日进驻宜昌。夏斗寅未经请示，擅自移防沙市。你想他们要干什么？现在武汉算是一座空城，河南的部队一时还不能撤回来，如果夏斗寅叛变了，他同杨森合力东下，直捣武汉，那是一个什么局面？现在我是一面调兵准备作战，一面要你去说服夏斗寅，如果他能暂驻荆沙，效忠党国的话，他这个队伍将来可以扩充成军。"

乍一听邓演达的话，包惠僧真是吃惊不小。他慢慢让自己冷静下来，想了想，回答道："我可以冒险去一趟，不过如果他的反旗扯起来了的话，要说服他就比较难。夏斗寅最怕唐生智，唐生智没有办法吗？"

"唐生智还在河南，他也没有什么高明的办法。老实说，从前我们对夏斗寅投了一批资本，你是中间人，如果你不离开十四师，就不会有问题。

你们不听我的话，所以出了这个乱子。现在的局势，我们不是要消灭夏斗寅，而是要争取夏斗寅，我们不难为他，你去不会有危险。"邓演达显然还对中共方面不让包惠僧回独立十四师有意见，包惠僧未置可否。

"我是以私人名义去吗？"包惠僧问。

"不，你以私人的名义去，他不仅不会听你的话，而且会裹挟你一路走。你要作政府的代表，用谭主席的名义给他一个电报，要他把他的要求和困难同你当面商量，这样你才好说话。"谭延闿这时代理武汉国民政府主席。

包惠僧表示同意，邓演达立即安排招商局的"江天"轮为独立十四师运一船给养，要包惠僧乘"江天"轮西上荆沙。

5月15日下午，"江天"轮从汉口码头启航，次日上午10时左右在嘉鱼被夏斗寅部截留。

原来，夏斗寅于5月13日通电联蒋反共以后，就开始了攻击武汉国民政府的行动。此时，其主力已进至嘉鱼、蒲圻一带。

嘉鱼江边停泊着一只汽船、几只小火轮和几十只民船。小火轮上打来信号，"江天"轮只得在江中抛锚。

一会儿，一只小火轮和几只民船驶了过来。一名包惠僧不认识的军官走上"江天"轮，问张笃伦来了没有。包惠僧事后才知道，当时十四师正谣传唐生智要派张笃伦来接任夏斗寅的师长职务。

包惠僧正诧异间，几个他熟悉的军官跟了上来，其中一名少校副官对包惠僧说："我们的队伍已经下来了。师长知道党代表要来，特派周崇新副官长在这里等侯（候）。请您先下船再说吧！"

包惠僧只好带着四个武装卫士和一个译电员同他们一道下了"江天"轮。小火轮向停在江边的那只汽船驶去。包惠僧看见周崇新在汽船顶上向他打招呼，面色却很冷淡。

他们上了汽船。汽船的过道和楼梯两旁都是手持短枪的卫兵，有的还拿着麻绳，一派紧张恐怖气氛。包惠僧走上顶层，周崇新迎了出来。这时，他突然听到后面一阵吵闹，他想一定是他卫士的枪被下了。

周崇新把夏斗寅那个联蒋反共的通电递给包惠僧说："昨天任建若来，他是代表湖北省党部。他同师长话不投机就吵了起来，当时大家动了公愤，就把他枪毙了。您本来是我们的党代表，这次又是代表谭主席来的，所以师长要我们在这里接您，并保护您。"周崇新还要包惠僧把随带的武器交给他那位担任军需处长的本家叔辈代为保管，说是为了避免误会，与夏斗寅见面后再行奉还。

包惠僧心想，已经落到这个地步，只好随他摆布了，就说："我同意你的意见。请你同夏师长通个电话，我有要事同他面谈。"

周崇新答应"行"，随后就把包惠僧和他的随从人员送到了嘉鱼县政府。在这里，他们虽然受到优待，但已经完全失去自由了。

这时，嘉鱼县监狱里已经关了十几名十四师政治部的工作人员。他们听说包惠僧到这里来了，就在监狱中闹起来。

包惠僧找到嘉鱼县县长夏占魁。夏占魁是夏斗寅派来的，包惠僧同他谈了几次，都是话不投机。包惠僧说："你以为这个局面算定了吗？将来是和尚在还是木鱼在很成问题。政治部的工作人员不是小偷儿搓鸡毛，你把他们关监干什么？你把他们同我一样看待好了。"

夏占魁说："我有责任。"

包惠僧说："政治部的工作人员是我用的人，我负责任还不成吗？"

夏占魁却推说要请示，不肯释放他们。这些人员虽然没能获释，却因为嘉鱼县政府新用的人员差不多都是十四师的，包惠僧都认识，凭着包惠僧的关系，他们也得到了优待。

包惠僧在嘉鱼住了三天，也没得到夏斗寅的消息。直到第四天，夏斗寅才派人来要他到蒲圻会见。当天，他便带着四个徒手卫士赶到蒲圻，那个译电员已在他们被扣的第二天回武汉报信去了。

夏斗寅在包惠僧讲清来意后说："我们在汀泗桥同第四军打了一仗。

我们只反对唐生智，我们不同第四军打。你来了好，你给我向谭主席、邓主任作保证，只要我脱离唐生智的节制指挥，我们仍可回师打杨森，什么处分我都愿意受。"

原来，就在包惠僧到达嘉鱼的第二天，也就是 5 月 17 日，夏斗寅部叛军已侵占距武昌仅 40 里的纸坊镇。国民政府根据中共中央的建议，以留守武汉的国民革命军第十一军副军长兼第二十四师师长、武昌卫戍司令叶挺所部两个团及中央军事政治学校、中央农民运动讲习所等校学生编成的中央独立师，由叶挺统率于 18 日进军纸坊，将夏斗寅部击溃，一直追至咸宁汀泗桥。叶挺所部原属第四军，所以夏斗寅仍称其为第四军。

包惠僧说："事情是你搞坏了。现在是政府正要用人的时候，只要你服从命令，回驻宜沙原防，你自请处分，政府也会原谅你。我来时邓主任保证你这个部队可以扩充成军。"

夏斗寅立即点头称谢。包惠僧为了使夏斗寅安心，又当着他的面草拟了一份给谭延闿、邓演达的电文，报告他的态度。夏斗寅看过电文，要包惠僧加上一句：请政府军停止追击。

随后，包惠僧问起被缴的自卫枪支，夏斗寅大骂了周崇新一顿，令他立即送还。包惠僧又提出释放政治部工作人员，夏斗寅马上给夏占魁写了一封信。

后来包惠僧才知道，就在包惠僧被扣在嘉鱼的时候，夏斗寅召集全师高级军官会议讨论了如何对待他的问题。会上，有人主张枪毙他，夏斗寅颇为所动，只因为几个团长坚决反对才改变主意。

同夏斗寅谈完以后，已是夕阳西下了，包惠僧仍然带着随从离开了蒲圻。他们走了一个通宵，第二天拂晓才赶到嘉鱼。

到了嘉鱼，包惠僧把夏斗寅的信交给夏占魁，在押的政治部工作人员被释放出来。随后，他便带着他们赶到江边，雇了一只民船赶往武汉。

上船的码头，正是任建若被杀的地方。政治部组织科长李书渠对包惠僧说："任建若被杀与我们被捕是同时的，我们亲眼看着他们开枪打死任建若。如果你是与任建若同时到嘉鱼，他们正在疯狂的时候，恐怕你也免不了。"

"好险啊！"大家不约而同地说，包惠僧也不禁毛骨悚然！

当晚9点，包惠僧到了武汉，这天已是5月20日。他首先来到总政治部，邓演达到河南去了，新任总政治部副主任郭沫若陪他来到武汉卫戌司令李品仙的家。

包惠僧汇报了同夏斗寅会谈的情况和蒲圻、嘉鱼一带的敌情。郭沫若说："夏斗寅要你打电报给谭主席是缓兵之计，他们已经全部向崇阳、通城方面逃窜。他不敢回来。他请求改编是假的。他们可能逃到下游投降蒋介石去了。"

谈到11点，包惠僧又同郭沫若回到了总政治部。

第二天一早，包惠僧赶到中共中央办事处汇报，碰上的又是张国焘。

不等包惠僧开口，张国焘就不无讥讽地说："武汉的情报说你同任建若都被夏斗寅枪毙了，阅马厂给你开追悼会了，夏松云急得像热锅上的蚂蚁！夏斗寅对你总算是讲交情的啊！"

"难道说我冒了一次险回来了，没有死也是错误吗？"包惠僧一听张国焘的话就气不打一处来，他毫不让步地顶了过去。

"你今天没有错，以前是错了，夏斗寅毕竟是反了。"

"我如果没有离开独立十四师，夏斗寅反了，我就应该枪毙。此时的军事瞬息万变，我离开它已经一个半月了。夏斗寅叛变是谁的责任，应该追查一下。"

就这样针尖对麦芒，两人抬了好一阵杠，才谈到正题。然而，最后还是以毫无结果而告终。

过了几天，张太雷约包惠僧到武昌啸楼巷2号中共湖北区委机关谈话，他此时是中共湖北区委书记。张太雷告诉包惠僧，中央认为夏斗寅叛变是因为他没有把工作做好，违反了党的政治纪律，决定给他留党察看两年的处分。

平心而论，把夏斗寅叛变的责任推到包惠僧身上是不恰当的，正跟把夏斗寅叛变的原因归结为包惠僧离开独立十四师一样。

对于这个处分，包惠僧的内心是不服的，但他又不得不接受。他把这笔账又记到了他认为的"张国焘小组织"名下。

又过了十几天，邓演达从河南回到武汉，仍要给包惠僧一个名义，到安徽去把夏斗寅拉回来。这时夏斗寅已将部队拖到安徽宿松、太湖一带，接受了蒋介石委任的新编第二十七军军长职务。

包惠僧说："我为了搞这个部队几乎开除党籍，丢了性命。我是一个弱者，我不能担当这样的重任。"

他，已经没有当初的锐气了！

从悲观到消沉

包惠僧在留党察看期间，虽然没有工作，仍参加党的组织活动，参加各种工作会议。他同吴德峰、高一涵、章伯钧、李合林编为一个党小组，定期在胭脂山上一个教堂里参加组织生活会。但是，小组会议从来也不可能讨论什么重大的问题，包惠僧感到非常苦闷。

一天，包惠僧在一个集会上遇见了周恩来。这是他们前年在广州分别后的第一次见面。周恩来是5月下旬从上海来到武汉的，他这时是中共中央常委、中央军事部部长。

老友重逢，分外亲切。包惠僧向周恩来倾诉了心中的郁闷。周恩来安慰他说："你的才气，我们是知道的。你现在虽然受了处分，将来还是要派工作的。"包惠僧感到十分欣慰。

此后不久，刘骥来到包惠僧家。他说冯玉祥来电请包惠僧去当宣传部部长，问他能不能去。包惠僧说这事得请示组织以后才能给他回信。

送走刘骥，包惠僧马上去找周恩来，问可不可以去西北军，周恩来说可以去，并要另一位同志与包惠僧商量联系的方法。

一切准备就绪，包惠僧便同刘骥一起在汉口大智门车站上了火车。不料一上车就发生了一件不愉快的事。事情很小，包惠僧却认为刘骥对他不礼貌，一气之下，竟不辞而别，在刘家庙车站就下了车。回来以后，包惠僧将自己不去的情况报告了组织。

1927 年的春夏之交，中国正处在历史的拐弯处。

就在夏斗寅叛变一个星期以后，唐生智部第三十五军第三十三团团长许克祥也在长沙扯起了反旗。又过了半个月，江西省政府主席、国民革命军第五方面军总指挥朱培德又以"礼送出境"为名，把大批共产党员和国民党左派逐出江西，并开始查封革命团体，逮捕工农领袖。

在革命的首都武汉，形势也日趋恶化。汪精卫迫不及待地撕下"左派领袖"的伪装，急剧右转。7 月 14 日，汪精卫召开秘密分共会议。7 月 15 日，汪精卫公开分共，叛变革命，到处搜捕共产党人。在上海龙华寺、南京雨花台、长沙浏阳门、武汉关山口，共产党员和革命群众遭到了大逮捕和大屠杀。

"无限苍生临白刃"，轰轰烈烈的大革命失败了！

在汪精卫叛变革命以前，中共党内对陈独秀右倾机会主义错误的不满已经越来越强烈，以毛泽东为代表的一批共产党人提出了"上山"的主张。面对严峻的形势，中共中央开始进行应变的准备。

7 月上中旬，包惠僧在中共湖北区委机关参加了一次党的活动分子大会，除陈独秀以外，差不多所有在武汉工作的共产党干部都参加了大会。这是中共中央作出退出国民党、国民政府的决定之后的一次动员撤退的大会。在张国焘作政治报告之后，周恩来作了撤退部署的报告。他说我们第一步撤退到南昌，再图建立革命根据地的活动。

这次大会一结束，中共中央就发表了一篇宣言，指出现在已处在"革命之危急存亡的时候"，强烈谴责武汉国民党中央和国民政府"近日已在公开的准备政变"，"实是以使国民革命陷于渐灭"，因此决定撤回参加国民政府的共产党员。这篇宣言是 7 月 13 日发表的。就在这篇宣言发表的第二天，汪精卫召开了秘密分共会议。

包惠僧参加这次大会后回到家里。过了几天，他突然接到周恩来要与他谈话的通知。包惠僧立即赶到周恩来那里。周恩来说他想让包惠僧到江西省委军事部工作，要包惠僧先到南昌待命。包惠僧一听，不禁欣喜万分。他想："我是受了处分的人，还让我担任这样重要的工作，或许是党要撤销我的处分了。"

7 月 20 日左右，包惠僧到了南昌。路过九江，他去看望了正率部驻扎这里的叶挺。

到南昌后，包惠僧拿着周恩来的介绍信来到中共江西省委机关。他在这里见到了陈潭秋。陈潭秋也是刚从武汉赶到南昌的，他这时刚刚就任中共江西省委书记。

7 月 27 日，周恩来到达南昌。他找到包惠僧说："现在要办一个《前敌日报》，你负责筹备，将来你就担任《前敌日报》总编辑。你不参加江西地方的工作了。"

包惠僧开始先答应了，并准备买一部油印机和一批白报纸。可后来听说这个报纸由政治保卫处管，政治保卫处长又是李立三，他过去同李立三在武汉工作时发生过冲突，就不想干了。

8 月 1 日，南昌起义爆发，部队随即南下，向广东挺进。恰在这时，包惠僧病了。他向周恩来请求暂留南昌治病，待适当时候再去找组织。

周恩来同意了包惠僧的请求，并给他写了一封介绍信，要他病愈后到武昌去找组织。

起义部队南进以后，包惠僧便住在南昌一个表兄家里。

关于以后的情况，包惠僧后来曾在两篇回忆文章中提及。

包惠僧说："我在南昌住了 50 天。各大城市的白色恐怖，没有一处可以幸免。南昌经过蔡廷锴、张发奎、朱培德三次的搜杀，使我的胆寒了。从报上的消息知道武汉也很厉害，我便没有勇气到武汉去找组织。我从南昌逃回故乡……"[1] 周恩来给他的介绍信他也在途中烧了。[2]

可是，"当时白色恐怖遍地皆是，在乡下也住不下去，遂到武昌，也没有找组织。武汉也待不下去，即带着妻子逃到江苏高邮（妻家）暂时避难。在高邮住了两个多月，风声不好，才逃到上海。"[3] 这时已是 1928 年的春天。

到上海以后，包惠僧遇上了李达、施存统、马哲民、丁默邨等人。这时他才知道南昌起义的部队已在南进中失败了。于是，他便"由悲观而失望，由失望而消沉"[4]，"和这些人一起走上了失败主义的道路，消极脱党"[5]。

包惠僧消沉了，可他的心里并不平静。他常常想："共产党是我们创造的，现在究竟是党不要我呢？还是我不要党呢？这样的状况还是党失败了呢？还是我失败了呢？如果说我的能力不够，十年以前一无所有，何以能革命呢？现在的能力、经验、地位都比十年前好得多，何以反而还不能革命呢？"[6] 这些问题时常困扰着他，直弄得他日不甘食，夜不成寐。

除了心理上的压力以外，包惠僧这时生活上的压力也不小。他不仅自己要糊口，还要养活妻子儿女。恰在此时，一个湖南的朋友搭上了贺耀祖的关系。贺耀祖是湖南宁乡人，这时任国民军第一集团军第三军团总指挥。军人有了钱，有了地位，总想搞政治，他想办一份报纸或杂志。他约包惠僧他们几个人吃了几次饭，"决定办一个杂志定名为《现代中国》，仍弹国共合作的老调"[7]，他每月资助 1500 元。包惠僧便担任了这个杂志的撰述。

---

① 包惠僧：《思想总结》（第一部分），1950 年。
② 《包惠僧自传》，1949 年，存中共中央统战部。
③ 《包惠僧回忆录》，人民出版社 1983 年版，第 440 页。
④ 包惠僧：《思想总结》（第一部分），1950 年。
⑤ 《包惠僧回忆录》，人民出版社 1983 年版，第 440 页。
⑥ 包惠僧：《思想总结》（第一部分），1950 年。
⑦ 《包惠僧回忆录》，人民出版社 1983 年版，第 440 页。

用包惠僧的话说，这个杂志是"站在国民党的左派（一边），站在共产党的右派（一边），对两边都取批评的态度"[①]，所以他们写文章都是用假名字，不敢用真名字。《现代中国》出到第 11 期，因为贺耀祖政治上不大得意，断了杂志的经费来源，便停办了。

就在这时，谭平山找到了包惠僧。

谭平山参加了南昌起义，并被推选为革命委员会主席。起义失败后一度流亡海外，被中共中央开除了党籍。1928 年春，他在上海秘密发起成立中华革命党，选邓演达为党的总负责人，因邓演达此时尚在国外，便由他代理。中华革命党宣称以"孙中山先生过去的行动纲领"为本，认为中国革命应称"民族的社会革命"。它以"现时的中国国民党统治者""为仇敌"，也"坚决的反对改组派的主张"，同时也对共产党的"纲领和行动"持"批评反对态度"[②]。

谭平山找包惠僧，就是要约他参加中华革命党。包惠僧对这个党的中间路线颇不以为然。他后来回忆这件事时说："我对中间路线是认为没有前途的。我常同一般朋友说，目前的形势不能走中间路线，不革命就反革命，革命就上山，不革命就下海（下海就是堕落的意思）。虽然在当时是开玩笑，也可以说是当时思想的表现。"[③]

话虽这样说，包惠僧毕竟与谭平山是老朋友。谭平山来找了几次，他也只好参加。后来，他担任了这个党的军事委员会委员。

转眼到了 1930 年春天。一次，包惠僧在法租界遇上了卢斌，他知道卢斌这时同陈独秀交往甚密。陈独秀已于年前因"托派"问题被开除党籍。

包惠僧把卢斌请到家里谈了一会儿，写了一封信让卢斌带给陈独秀。包

---

① 包惠僧：《思想总结》（第一部分），1950 年。
② 参见《中国农工民主党历史参考资料》（内部参考资料），1981 年 10 月。
③ 包惠僧：《思想总结》（第一部分），1950 年。

惠僧很希望同陈独秀谈谈，因为他想或许陈独秀会"有些高一些的见解"。

过了几天，卢斌来到包惠僧家对他说："你的信老先生看了。他说目前见面也无话可说，不必见面。他对你们的《现代中国》很不高兴。"

包惠僧一听非常生气，冲着卢斌说："这个人太不近人情了！我们是老同志，就是我有错误，他也可以和我说。一个人的错误是可以改的呀！"

后来包惠僧回忆这件事的时候曾庆幸这次陈独秀没同他见面。他说："如果见了面谈融洽了我可能加入托派，那岂不是更加罪孽深重吗？"[1]

就在这件事过去不久，邓演达从印度启程秘密回国。邓演达是1927年"七一五"以后"与叛变的中央领袖汪精卫谈判决裂以后"[2]愤然出国的。他先到苏联，受到了共产国际的欢迎，后来又考察了欧亚的其他一些国家。

邓演达是5月份到达上海的。到上海后，即将中华革命党改组为中国国民党临时行动委员会，通称"第三党"。邓演达约包惠僧谈了几次话，征求他对纲领和组织方面的意见。

8月9日，包惠僧出席了中国国民党临时行动委员会第一次全国干部会议。这个会议是在上海法租界萨波塞路黎锦辉公寓举行的，到会的有10个省区的代表共30余人。

这次会议通过了临时行动委员会的政治纲领——《我们的政治主张》，选举了中央领导机构——中央干部会。

在推举中央领导成员时，包惠僧得到了几个职务人选的提名，可这对他并不是福音。他后来曾如此描述当时的心情："我被推为中央委员之一，并推我为财务委员会的主席，我原任军事委员会的委员，还要我兼农工运动委员会的主任委员，尤其是章伯钧、李世璋以老朋友的关系一定要我干。但是，我是有自知之明的，我决不能负这些重大的责任。他们愈重视我，我愈

---

① 包惠僧：《思想总结》（第一部分），1950年。
② 邓演达：《中国革命最近的严重局势之由来》（1927年8月17日），中国第二历史档案馆藏。

不敢自信。在这辞也辞不脱、干又干不了的情形之下，我就有逃跑的意思。"

包惠僧想"逃跑"还有另一个原因。用他自己的话说就是："我在上海的生活，完全靠几个朋友接济，如何成浚、夏斗寅、周佛海、刘镇华、卢兴邦等，他们都是蒋介石的部下，如果我的活动暴露了拖累他们，那末我怎好见人呢？"①

下定了"逃跑"的决心，包惠僧便把邓演达请到家里，开诚布公地对他说："我要离开上海到汉口去，暂时停止我对团体的一切工作，如有必要我两人直接通信，不要其他任何同志与我通消息。"

邓演达刚一听包惠僧的话，表情很诧异，也很难过，过了一会儿脸上才露出笑容。他对包惠僧说："我们分开作多方的活动也好，将来政治环境有变化我们再会合，殊途同归也未尝不是一个办法。"

他们整整谈了三个小时。临别时，邓演达紧紧握着包惠僧的手说："老包，好好地干，后会有期！"

包惠僧突然感到一种莫名的惭愧和伤感，几乎掉下泪来。

他怎么也不会想到，此次一别竟成永诀，仅仅过了一年半，邓演达就被蒋介石惨杀在紫金山下！而他自己此后的一"逃"，也使他走上了一条与其初衷南辕北辙的歧路！

---

① 包惠僧：《思想总结》（第一部分），1950 年。

第七章
CHAPTER SEVEN

歧　路

混迹军界

武汉的冬天特别冷，1930年武汉的冬天尤其冷得出奇。

当包惠僧带着家眷到达汉口的时候，他的心情是复杂的。这是一块印满他昔年足迹的故土，睹物忆旧，感触万千。那是一些何等辉煌的岁月啊！可现在这一切都成了明日黄花，那时的包惠僧已不复存在了！

包惠僧是应何成浚之邀来汉口就职的。

何成浚此时是国民党军事委员会委员长武汉行营主任、国民党第三军团总指挥兼湖北省主席。蒋桂战争结束以后，蒋军占领武汉，何成浚依靠与蒋介石的特别关系成了"湖北王"。他上任伊始，就在湖北省尤其是武汉地区，掀起了大革命失败以后残酷镇压共产党的第二次高潮，数以百计的共产党人和革命群众惨死在反动军警的屠刀之下。

何成浚还是"围剿"武汉周围革命根据地和红军的急先锋。1930年10月蒋冯阎中原混战结束以后，蒋介石即在汉口召开湘鄂赣三省"绥靖"会议，部署对全国各革命根据地和红军的统一"围剿"。何成浚负责对鄂豫皖革命根据地的"围剿"。

包惠僧此来便是担任作为武汉行营主任、第三军团总指挥的何成浚的幕下参议，支少将薪，其所"参"何事，所"议"何情，当不言自明了。

不久，包惠僧接到刘镇华的电报，约他到河南新乡叙谈。刘镇华此时是国民党第二集团军第八方面军总指挥兼河南省建设厅厅长，所部驻防新乡。

据包惠僧后来回忆，他当时接到这份电报后考虑了很多："政客的作风，当然是到处勾搭，横竖住在武汉没有什么事，准备去一趟。但是此时的我，内心里是走上反动的路，别人看来，头上还是戴着一顶红帽子，并没有经过任何洗刷的手续，因此我的行动自由只限于武汉，出了武汉随时随地有被捕的危险。"①

包惠僧的这些考虑不是没有根据的。何成浚曾明确地对他说过："你是没有通天的，在武汉一切我负安全的责任，出了武汉我对你就不保险。"何成浚所说的包惠僧"没有通天"，意思是他还没有得到蒋介石的谅解。

包惠僧想，河南是刘峙的防地，不得到刘峙的谅解，到河南去是有危险的。刘峙此时是国民党第三军团总指挥兼河南省主席。于是，他要何成浚打个电报请刘峙关照一下，可何成浚不肯打这个电报，他说他同刘峙不说私话。

无奈，包惠僧只得自己给刘峙写信，回顾黄埔、党军两次共事的旧谊，陈述自己近日的境况，他想他们过去的私交并不算坏，刘峙不会不买账的。

岂料刘峙接到包惠僧的信后，即给何成浚发了这样一个电报："查共产党首要包惠僧潜入武汉有所活动，请兄就近查究法办，并将办理情形电复。"

何成浚一接到电报就派人把包惠僧叫去："我叫你不要找刘峙你不信，你看这个电报，怎么办？"何成浚的语气带有明显的埋怨情绪。

包惠僧看完电报，一时竟无话可说。

何成浚接着说："你的事迟早是要通天的，刘峙不理他，我替你打个电报给老总。如果老总有复电，你的一切问题就解决了。"何成浚说的老总即蒋介石，蒋介石此时兼任陆海空军总司令。

包惠僧从心里感谢何成浚为他想得周到。可是，何成浚的电报发出去一个多月还没有回音，包惠僧心中不免打起鼓来。他想，如果万一情况恶化，就只好再回上海。

转眼到了 1931 年春天，百里江城却没有一点春的气息。

一天，何成浚转给包惠僧一封陆海空军总司令部给他的信。信是蒋介石的侍从秘书曾扩情写的。曾扩情是黄埔军校第一期学生，也是包惠僧的部下。信的大致内容是：奉谕请包惠僧刻日晋京，并将行期电告。

---

① 包惠僧：《思想总结》（第一部分），1950 年。

看完这封信，包惠僧有一种如释重负的轻松，也有一种如获至宝的欣喜。他立即去告诉何成浚，心想："我再也不怕你刘峙了！"

包惠僧到了南京，曾扩情很周到地招待他，并很快安排他同蒋介石见面。包惠僧见到蒋介石，只寒暄几句就退出来了，没谈正题。

又过了几天，曾扩情来到包惠僧住的旅馆，送给他 1000 元旅费和一份任命状。包惠僧被任命为陆海空军总司令部参议，支中将薪。

从此，包惠僧便来往于南京和武汉之间，"完全是政客的姿态，官僚的生活"[1]。这时，一些不知深浅的军人也纷纷来亲近他，以为他出山以后必定大有办法。

然而，好景不长。就在这年 8 月，邓演达在上海被捕。包惠僧在报纸上看到这个消息以后，一面为邓演达着急，一面也为自己担心。

果然，不出半月，麻烦来了。

这天，包惠僧在武汉接到行营转来的一封急件，拆开一看，不禁大吃一惊。

信封里装着国民党中央组织部长陈立夫发给蒋介石的一份电报，大致内容是：邓案与包惠僧有关，应立案查办。

蒋介石亲笔批示：着包参议申复，无庸立案。

何成浚很替包惠僧担心。包惠僧想，躲是躲不脱了，只有硬着头皮前往南京。一路上，他都在考虑对策。他反复琢磨着蒋介石的批文，总觉得从中读不出一点严厉，反能感到几分轻松。他心中有了主意。

一到南京，包惠僧便来到中央党部找陈立夫。陈立夫显得很亲热，两人谈了一个多小时。

谈话中，包惠僧一口咬定他同邓演达只是在黄埔同事，是好朋友，在上海也常见面，但只谈了一些有关"第三党"的问题，没有加入"第三党"。

陈立夫对包惠僧说："从查出的文件看，你的关系甚大，也许是邓演

---

[1] 包惠僧：《思想总结》（第一部分），1950 年。

达的一面相思。我们是老朋友，一切无问题，但中央的一班老先生不放心，要我查明。我想你还是写一篇文章说明同邓演达的关系，叫大家放心。"

包惠僧说："邓演达是我的朋友，他被捕了，我为此案写文章，对他落井下石，这样的事我不能做。"

"那你如何为自己洗刷呢？"陈立夫步步进逼。

"事实胜于雄辩。我到中央很久，我是陆海空军总司令部的参议。"包惠僧理直气壮。

"这样说我不能交代，你至少要写一封信给中央。"

包惠僧感到了陈立夫语气的强硬，态度便软了下来。他问信怎么写，陈立夫说："就照你的意思写。"

包惠僧如此这般地给国民党中央执行委员会写了一封信，事情就似乎真的了结了。

就在包惠僧这封信送上去不久，九一八事变爆发，由于国民政府坚持对日本侵略军"不抵抗"、对内加紧"剿共"的政策，东北全境沦陷。在全国人民抗日的呼声中，蒋介石不得不采用以退为进的手段，第二次宣布下野。包惠僧随之调任国民党政府属官。

1932年3月，蒋介石复出，就任国民党军事委员会委员长兼总司令。包惠僧调任军事委员会机要室秘书。

包惠僧到军委会上班，机要室主任毛庆祥不接受他，机要室里也没安排他的办公桌。他一气之下去找蒋介石。蒋介石说："跟我到汉口去'剿匪'。"这时，为了加紧对武汉周围革命根据地和红军的"围剿"，国民党在汉口设立了鄂豫皖三省"剿匪"总司令部，由蒋介石兼任总司令。

包惠僧当日便从南京出发，赶往汉口。三省"剿总"秘书长杨永泰是包惠僧几年前在上海时的朋友，他想总会有一点关照。谁知包惠僧来到"剿总"，杨永泰却说秘书处的编制没有他的名字。包惠僧问是什么道理，杨永泰说："你是派在党政委员会任编辑工作。"后来，包惠僧才知道这是因为蒋介石在他的名字下面批了这样几个字："此人不宜用在部内。"

党政委员会全称党政军监察委员会，隶属三省"剿总"，张难先任主任。包惠僧去找张难先，张难先说还没接到通知。

过了几天，包惠僧又去找杨永泰。杨永泰说："没有问题，公事在办理中。不过昨天我同张难先谈起你的问题，他问：'包惠僧的屁股洗干净没有？'可见你的信誉还有问题。"

包惠僧知道张难先说的是他过去参加共产党的事，不禁怒火中烧。他对杨永泰说："军委会的秘书还有共产党吗？请你代我问张难先，他帮助桂系背叛中央、屠杀湖北的无辜青年的血腥气洗干净没有？"几年前桂系军阀统治湖北、反对蒋介石的时候，张难先曾任湖北省政府委员兼财政厅厅长。

后来，这件事便成了泡影，包惠僧被派到湖北党政会议任委员。到职以后，开了几天会，到鄂西七县视察了一个月，他便请假回到南京，托周佛海写信给杨永泰辞去了湖北的职务。周佛海此时是国民党中央执行委员、江苏省政府委员兼教育厅长。

从此，包惠僧便成了军委会的挂名秘书。因为不办公，他只能领少将秘书薪俸对折后再打八折的工资，每月128元。如此微薄的收入，当然不敷养家糊口。他只得通过国民党中央军校政训处长邱清泉和教育长张治中的关系，在中央军校弄了一份兼职教官的差事，每星期去讲6个钟头的政治学。

不久，包惠僧的父亲从黄冈老家来南京看望儿子。父子之间的前嫌此时似已尽释。老人在这里住了一个多月。

1935年7月，国民党防空委员会主任委员杨杰找到包惠僧，约他到该会担任编审主任兼第四处副处长，主编防空杂志。包惠僧来这里工作了几个月，又因杨杰被何应钦排挤而去职。这几个月中，包惠僧主编了5期防空杂志，编写了一套《国民防空之基础知识》丛书，总计100多万字。

包惠僧的工作赢得了杨杰的好感。杨杰看到包惠僧在军界很难再混下去，便想保荐他转任文官。于是，包惠僧的仕途又出现了一个转折。

文官任上

1936 年 1 月 15 日，包惠僧接到了一份担任国民党政府内政部简任三级参事的委任状。

弄来这份委任状，除了杨杰之外，周佛海也出了力。周佛海曾请陈布雷在蒋介石面前为包惠僧说说话。蒋介石问是否就是共产党的包惠僧，陈布雷说是，蒋介石便写了一个"交内政部以简任官任用"的手令。

包惠僧在内政部的主要工作是审核撰拟法令规章及有关计划方案。他很快对人口调查登记、调节任用等业务产生了兴趣。他就改进户政业务向部长、次长提了很多意见。这些意见得到了上司的首肯。1938 年，他便被提升为首席参事，任参事处总核稿。

就在这段时间里，国内形势发生了重大变化。1937 年七七事变后，日本帝国主义发动了全面的侵华战争。为了实现其三个月灭亡中国的狂妄野心，8 月 13 日又向上海进攻，并派飞机轰炸国民党首都南京，妄图在攻占上海后，直取金陵。

8 月 23 日，被国民党拘押近 5 年的陈独秀在南京获释出狱，包惠僧去看望了这位昔年的师长和上级。

陈独秀在 1927 年离开中共中央领导岗位以后，对革命前途悲观失望，变成取消主义者，接受托派观点，被开除了党籍。后来，又出席中国各托派小组织的"统一大会"，被推选为中国托派组织的中央书记。1932 年 10 月，在上海被国民党政府逮捕，判刑后囚于南京。

包惠僧这时住在莫愁路一座独院，他请陈独秀搬到他家去住，陈独秀谢绝了。他又请陈独秀送他一幅墨宝作纪念，陈独秀当即给他写下了岳飞的几句词："三十功名尘与土，八千里路云和月。莫等闲白了少年头，空悲切！"

因为形势紧张，陈独秀于 9 月 9 日乘轮迁往武汉。行前，包惠僧特意给湖北省政府主席何成浚寄去一信，请他对陈独秀予以关照。

12 月 13 日，国民党政府弃守南京迁移武汉，包惠僧随部到汉。一到武汉，他就来到武昌双柏庙后街 26 号，将南京的几个北京大学学生凑的 200 元钱送到陈独秀家里。

后来，包惠僧在陈独秀家里见到了张国焘。张国焘对包惠僧说，他想再组织个共产党，想拉陈独秀顶这块招牌，陈独秀没有理会。这时，张国焘已经背叛共产党，投到了蒋介石麾下。

陈独秀在武汉住了些时，即想离汉赴川，可因为一场官司，直到 6 月 16 日才准备登上包惠僧为他安排的轮船启程。当包惠僧送陈独秀上船时，陈独秀阔别 30 年的大姐逃难到了汉口。他对包惠僧说："老姐姐来了，我怎能撇开他们，自己先行？"这样一直拖到 6 月底，包惠僧才送陈独秀搭乘"中央""中国""交通""农民"四个银行包的专轮入川。

就在这段时间里，包惠僧的家庭发生了变故。因为生活上的问题，包惠僧与夏松云的隔阂越来越深，以至分室而居。几乎在这同时，又一位女性来到了包惠僧的身边。

这是一位 18 岁的少女，江苏武进人。她 10 岁丧父，跟着叔父生活，不久叔父又不幸身亡，便流落到南京在民众教育馆当缮写员，后经人介绍，来到包惠僧家任家庭教师。她后来也成了包惠僧的妻子。她叫谢缙云。

谢缙云随包惠僧从南京来到武汉。1938 年 10 月武汉弃守前夕，在汉的国民党政府机关转移重庆，他们又一起到了重庆。在重庆郊外的陈家桥，他们举行了结婚仪式。陈家桥位于重庆至成都的公路边，是内政部机关所在地。

包惠僧到达重庆的时候，陈独秀已转迁离重庆 90 公里水路的江津县城。此后两人虽未谋面，书信却不曾间断。陈独秀曾在信中对包惠僧的生活"颇示关切"，使包惠僧深感"此翁潦倒至此，尚不忘故人，热肠古道，真乱世所难得也"①。

这天是 1942 年 5 月 23 日，晚上 8 点，包惠僧在家里接到重庆的长途电话，说陈独秀病危，要他马上给重庆的朋友回话。包惠僧立即打电话到重庆，接电话的是老朋友薛农三。薛农三告诉包惠僧，他已同张国焘筹了5000 元医药费，明天由夏松云和张国焘的妻子杨子烈送到江津探望，要包惠僧马上进城共筹后事。

第二天早上 7 点，包惠僧起身进城。下午 1 点半到张家花园见张国焘，才知道"仲甫先生是因血压高于五月十七吃了蚕豆花泡的水，初感腹痛，大便密结，后经过三次虚脱昏死，现在血压是百八十至二百之间，心脏也衰弱，胃病也厉害，现在的状态是脑冲血的症状"②。随后他们又找来薛农三一起商量后事，决定等夏松云、杨子烈回来再决定是否赴江津。

26 日上午 10 点，夏松云回到重庆，告诉包惠僧，陈独秀在昏迷中常提到他，有急切盼望他去的神情。包惠僧"三年来拟赴江津探望之夙愿未偿，心有未安，遂决定次晨赴江津，或可得晤仲甫先生最后之一面"。次日凌晨 3 点，包惠僧即起床赶赴码头，中午 12 点半船到江津。

包惠僧赶到陈独秀家，只"见仲甫先生斜卧在床上，两眼紧闭，呼吸之声甚大，如熟睡然，当按脉膊（搏）非常宏大"。他在床前站了一个多小时，陈独秀仍未苏醒过来，陈独秀的夫人潘兰珍便请他出去吃点心。出来后，包惠僧又同在场的人商量了后事安排的一些问题。

晚饭后，包惠僧又进房去，陈独秀还没苏醒。这时，"仲甫先生之脉膊（搏）已渐细微，呼吸之声亦远不如前之宏大"。又过了一会儿，"探脉是渐渐细微，呼吸是有出无进"，包惠僧"便将仲甫先生紧闭的眼用手拨开，见仲甫先生一包热泪流出之后，眼珠很清明，并左右轮动"。少顷，

---

① 《栖梧日记》，1942 年 3 月 13 日。

② 以上引文均见《栖梧日记》，1942 年 6 月 11 日。

"呼吸即告停止"①。

时隔半个月，包惠僧在中断了40多天的日记里追述这段经过以后，不禁援笔长叹："痛哉！"

在包惠僧送走陈独秀一年半以后，也就是1944年2月，他调任户政司司长。这是他投靠国民党后第一次担任实职。

"我在司长任内，修改了户籍法，拟具户政五种计划（内政部有案），把人口静态调查和动态登记的业务，仿照各先进国家的规模，加以改进，从1944年起就各省市查记新资料每年发布编印全国分县人口统计一次（内政部有案）。业务展开了，工作繁重了，地位也重要了，我在工作岗位上提的意见，部院都很重视。"② 看来，包惠僧对自己的这一段工作是满意的。

农历甲申年的腊月二十，是包惠僧的50岁生日，一些朋友故旧都来为他贺寿，客人坐了三桌。

这时已是公历1945年的元月，国民党军在弃守衡阳之后，又弃守桂林、柳州、南宁等城市，造成了震惊中外的湘桂大撤退。数千万计的湘桂两省难民流离颠沛，无家可归，惨不忍睹。而解放区军民却抗击着64%的侵华日军和95%的伪军，八路军、新四军已在局部反攻中扩大了解放区，开始由内线反攻转入外线反攻。

席间，包惠僧抚今追昔，不禁感慨万端。在一番浩叹之后，他给客人们吟诵了自己的两首新作：

> 宦海沉浮五十秋，
> 此身沧海一沙鸥。
> 中原逐鹿雄心泯，
> 同室操戈遗恨留。

---

① 以上引文均见《栖梧日记》，1942年6月11日。
② 包惠僧：《思想总结》（第一部分），1950年。

万里河山悲半壁，

八千里路叹白头。

倭奴恶焰沉东海，

返旆重看锦绣图。

粤海东征基石坚，

同仇敌忾出韶关。

回思往事增深感，

欲以新诗寄远天。

大局飘摇何日定？

河山破碎几时还？

美苏参战机难失，

滚滚洪流永向前。

包惠僧"河山破碎几时还"的叹问很快有了答案。仅仅过了 7 个月，日本天皇即宣告无条件投降，中国人民历时 14 年的抗日战争胜利结束。

1946 年 5 月，国民党政府宣布还都南京。包惠僧携眷随部东迁。

回南京以后，包惠僧与谢缙云带着几个小孩子住太平路 439 号，夏松云和两个大孩子住公教 5 村。1947 年，夏松云病逝。此后不久，包惠僧带谢缙云回了一趟黄冈老家。

包惠僧在户政司长任上的工作是尽心尽职的。他有感于当时人口统计资料的零乱，提出了在全国开展人口普查的建议，并不顾一切地同那些反对的人辩论。经过一年多的会商酝酿，他的意见才被内政部采纳。

全国人口普查的具体实施属户政司的业务范围，显然户政司现有的人员、设备、经费不能胜任如此繁重的任务。因此，行政院和内政部就有了设置全国人口普查机构的议论，主张最厉害的是内政部长张厉生。张厉生曾经同包惠僧讨论过设置这个机构的程序和方法。

包惠僧对此并不感兴趣，因为他想现在大小机关的主官都是有派系的，他无派无系，肯定不会要他在这个机构负责。户政司的几个科长也鼓动他反对设置这个机构，而争取扩大户政司的人员编制。可他又想内政部的这些参事秘书总是阻碍他的业务工作，改为独立机构就免去了这些外行的纠缠，即使不要他当主官，凭着他干这一行的历史和政绩，也没有理由不要他。于是，他便采取了一种既不主张，又不反对，听其自然发展的态度。

设置独立机构的议案很快定下来。这个机构定名为人口局，包惠僧受命起草了一份《内政部人口局组织条例》，后由内政部呈行政院转立法院通过公布。

在确定人口局局长人选的时候，果真出了麻烦。张厉生推荐了包惠僧，陈果夫却推荐了Ｃ·Ｃ·系统的两个人，官司打到蒋介石那里。最后，张厉生赢了。

张厉生回来对包惠僧说："我是实事求是的。我并不怕权门。你的工作做得不错，不过还要努力。"包惠僧非常感动。

从1947年5月起，包惠僧当了将近两年的人口局长。这两年，人口局在他的主持下，搜集了各国人口资料200余种，其中翻译整理以作参考的50余种，拟定了全国第一次人口普查计划及实施细则，训练了一批普查人员，筹措了一笔普查经费，设置了省县市乡镇各级户政机构，并继续编印发行《户政导报》。为了培训专业人员，包惠僧曾先后在中训团户政干训班、中央政治大学高级班、农林部农业调查干训班等处讲课，编写了《户口普查概要》《户籍行政讲义》两本专著。据包惠僧自己说，"户政在当时行政部门中占很重要的地位"[1]，便与这些工作的成效有关。

1949年春，人口局又改为户政司，包惠僧复任户政司长。

然而，包惠僧的思想却在此前后发生了剧烈动荡。这倒不是因为他全力以赴的人口普查成了泡影，而是因为他受到了有生以来的又一次强大冲击。

① 包惠僧：《思想总结》（第一部分），1950年。

第八章

CHAPTER EIGHT

复 归

南天引领

包惠僧又一次站在人生的十字路口。

抗日战争胜利以后，国共两党本应遵照毛泽东到重庆与蒋介石签订的《双十协定》，继续合作，和平建国，蒋介石却悍然挑起内战，向解放区发动进攻，中国共产党领导下的军民不得不奋起自卫。1946 年 6 月，以国民党军向中原解放区进攻为标志，全国解放战争爆发。

到 1949 年春天，解放战争的形势已发生根本性的变化。人民解放军在相继粉碎国民党军的全面进攻和重点进攻以后，转入战略反攻，展开战略决战，胜利进行了辽沈、平津、淮海三大战役，基本消灭了蒋介石赖以维持反动统治的主要军事力量，百万雄师乘胜进抵长江北岸，直逼南京城下。

蒋家王朝的覆灭已成定局，人民革命已到胜利的前夜。这个形势包惠僧是看得清楚的。正因为看得清楚，他就要作出何去何从的抉择。这种抉择是艰难的，甚至是痛苦的。

包惠僧想"我虽然在南京政府做了十几年的事，蒋介石集团始终认定我是有共产党嫌疑的一个人"[①]，再跟蒋介石走下去，肯定是没有出路的。

于是，包惠僧向内政部提出辞职。可新任部长洪兰友不准，人口局的科长们也劝他继续干。他又去找张厉生。还是这位老部长识时务，他对包惠僧说："大势已去，不干也好。"

这时，蒋介石已经"引退"去重组反动军队以加强长江防线，由李宗仁代理总统与中共谈判以争取时间，国民党政府则南迁广州负隅顽抗。包惠僧在内政部南迁的时候，送家眷到了上海。

---

① 《包惠僧自传》1949 年，存中共中央统战部。

2 月 12 日，洪兰友从广州来电催包惠僧赴粤。接到洪兰友的电报，包惠僧便决定到广州去一趟，辞了职再回上海，也藉此消闲一下。

2 月 15 日，包惠僧只身飞抵广州，只同洪兰友见了一面，洪兰友就要飞回南京。包惠僧又一次提出辞职，洪兰友说："等我回来再说。"

洪兰友回南京后，行政院进行改组，内政部改由李汉魂任部长，人口局改为户政司，仍要包惠僧当司长。包惠僧坚决不干，李汉魂说："横竖你对人口局要办结束，需两三个月时间，你暂时干着，局面能好转再商量，不能好转我也不干了。"

局面能"好转"吗？

4 月 20 日，国民党政府最终拒绝在《国内和平协定》上签字。

4 月 21 日，毛泽东主席、朱德总司令发布向全国进军的命令，人民解放军第一野战军和华北野战军一部进军西北，第二野战军和华北野战军一部进军西南，第三野战军进军东南，第四野战军进军中南。

同日，人民解放军百万雄师强渡长江。23 日，解放国民党统治中心南京，宣告国民党反动统治覆灭。

急剧发展的形势，更加坚定了包惠僧脱离国民党反动派的决心。

5 月底，国民党政府机关又一次裁撤人员。人口局改户政司是第一次裁员，200 多人留下 60 人，现在又要裁一半。包惠僧觉得再无颜以对同僚，便首先提出裁他自己。李汉魂不准，包惠僧同他吵了起来。结果是没有辞不掉的官，包惠僧轻松了。

官辞掉了，下一步怎么办？

这时，不少人纷纷逃往台湾，包惠僧也办好了赴台湾的证件。

不过，他没有到台湾，而是携家到了澳门。谢缙云和孩子们在上海解放前夕已由行政院驻沪办事处安排送到广州。

因为人生地不熟，包惠僧没有直接到澳门，而是与一位同乡先到了香港。在香港，碰上了一位旧时的同事，也是湖北人。此人与他的姓名音近字不同，叫鲍慧生，当时人们就戏称他们"真老包""假老包"。这位"假老包"的儿子在人口局干过事，是包惠僧的下属。

鲍慧生对澳门很熟悉，便让儿子过去给包惠僧租了几间房。地址在柯高马路 88 号。

这是一栋流行于 30 年代的商住两用二层小楼，楼下作铺面，楼上作住房。包惠僧一家就住在楼上。

邻居们并没有特别注意这家新从大陆迁来的住户。他们只觉得这家操湖北口音的男主人，举止谈吐不像商人，也不像官僚，倒像一个贫穷的教书先生。他一不做生意，二不打工，每天早上到附近的"三盏灯"买一叠报纸就回家。楼下的人总听到楼上来回的踱步声。

包惠僧在思考，在思考下一步走哪条路。这时，全家的生活就靠那点遣散费。可怜区区薄资，能支撑几个时日？单从养家糊口考虑，也要另谋一条生路。然而，此地人海茫茫，却举目无亲，除了家人，连说句话的人也没有。贫困、孤独、空虚、彷徨，像四条巨蟒缠绕着他焦灼的心。

开始包惠僧总是把自己关在屋里。他想写一本回忆大革命时期的书，提纲都列出来了，可心怎么也定不下来。后来，他在家里闷得实在受不了了，就跑到中央酒店的赌场碰运气，可又手气不佳，输多赢少，正可谓借赌消愁愁更愁！

这天又是一输到底。包惠僧正要离开赌台，却抬头看到一张熟悉的脸——许克祥！没错，就是他——当年共产党的死对头、"马日事变"的罪魁祸首许克祥！此人还是那般獐头鼠目，包惠僧听说他在澳门买了房子，置了产业，又看到他在赌场上一掷千金，心里便像打破了一百只五味瓶。

包惠僧更加注意来自北平的新闻：国民党湖南省主席程潜和第一兵团司令陈明仁等率部起义，长沙和平解放；甘肃省兰州解放；青海省会西宁解放；国民党绥远省主席董其武和兵团司令孙兰峰等率部起义，归绥和平解放；国民党新疆省警备总司令陶峙岳和省主席包尔汉等通电起义，新疆和平解放；中国人民政治协商会议在北平举行……

这一则则新闻，就像一声声春雷震撼着包惠僧的心。他感到激动，感到振奋。然而，令他更加激动和振奋的还是接踵而来的另一则特大新闻——10月1日，北京举行开国大典，毛泽东向全世界庄严宣告：中华人民共和国成立了！

包惠僧终于作出了"靠拢共产党"的抉择。但是，要表达自己的这种意愿，他又觉得难以启齿。

后来，他曾经如此描述当时的心情："我想我是参加共产党创党的人，我并没有什么大错误，被张国焘小组织排挤出来的，现在成功了的共产党高级干部差不多都是老朋友，况且我还有一套技术知识的本钱，可以贡献给新中国。心里虽然是这样想，终于是自惭形秽，不敢向我的老朋友表示。"

就在这欲进又止的时候，包惠僧想起了一件往事。那是 1945 年，在重庆国民党政府内政部。一天，包惠僧正从张厉生办公室门前走过，碰上了从里面走出来的周恩来。虽然包惠僧不敢过于亲密，周恩来还是向他表示了欢迎他归来的意思。这时，周恩来是中共同国民党谈判的代表。

真是"山重水复疑无路，柳暗花明又一村"！包惠僧顿觉头清目明，心旷神怡。他立即展纸挥毫，一口气写下了一封书信、两份电文。

信是写给中华人民共和国主席毛泽东的。两份电文，一份给政务院总理周恩来，一份给政务院副总理董必武。"大意是祝贺他们，忏悔自己"[1]。

给周恩来的电报，全文如下：

北京人民政府
周总理恩来兄鉴：

兄等以廿余年之坚苦奋斗得有今日，良堪佩慰，尚望以胜利争取和平，以和平与民更始，吊民伐罪，天下归仁也。南天引领，葛胜钦迟，一有便船，当来晤教。

弟　　包惠僧叩

---

[1] 包惠僧：《思想总结》（第一部分），1950 年。

包惠僧托一位可靠的朋友在香港把信和电报发了出去。之后就是等待，等待，焦急的等待！

短短 20 来天，竟是那么漫长。回电终于等来了，包惠僧大喜过望，因为电文中分明写着欢迎他北上的字样。

"却看妻子愁何在，漫卷诗书喜欲狂。"用杜甫的这两句诗来形容包惠僧此刻的心情，一点儿也不过分。他领着全家以最快的速度收拾停当，便赶到香港，筹资北上。

在香港，包惠僧找到了昔日的部下李默庵，李默庵给他 3000 元钱作旅费。随后，他就迫不及待地只身登上了驶往天津的海轮，让谢缙云带着 7 个孩子随后跟进。

11 月 29 日，包惠僧抵达北京。熟悉的街市，熟悉的京音，过去的情景恍如隔日，可他离开这座古城已经 26 个春秋了！

包惠僧受到了热情的接待。第二天，董必武请他吃饭。董必武对他说："你回来是党中央的决定。"

包惠僧非常感动，也非常兴奋。他跟董必武谈起了自己沿途的观感。他从天津和北京良好的秩序看到了社会的俭朴气象和政府的严肃作风。他说这种气象不仅不能与抗战时期的重庆、成都、昆明相提并论，就是与大革命时期的武汉、长沙、广州也大不相同。董必武给他介绍了一些平、津解放后政府建立革命秩序、整理市政、安抚流亡的艰苦工作情况，他实实在在感到了人民政府是真正为人民做事的政府。

老友重逢，难免提起旧事。董必武略带埋怨地对包惠僧说："你那时做了国民党的官，就不要共产党的朋友了？！"

董必武说的是实话。那时，包惠僧是怕特务耳目众多，才不敢与共产党的老朋友来往。董必武见包惠僧有些尴尬，便宽厚地笑了一下。他并不想要包惠僧回答这个问题。

包惠僧抵京不久，谢缙云也带着孩子们到了北京。这时，北京正是冰天雪地。在南方住惯了的孩子们第一次看到地上结这么厚的冰，感到十分新奇。

几天以后，包惠僧接到一份请柬：周恩来邀请他们夫妇到中南海赴宴。

包惠僧激动得一夜没有合眼。那广州的火红岁月，那武汉的紧张时日，那南昌的匆匆惜别，那重庆的短暂晤面，一幕一幕，像电影映现在他的脑际……

12月25日下午，包惠僧带着谢缙云来到中南海勤政殿。参加宴会的除他们夫妇外，还有一二十人，都是刚从海外归来的各方人士。

周恩来一见包惠僧，就问起夏松云。当年在广州他和陈延年同包惠僧夫妇住在一起的时候，他俩都是单身汉，作为那个"家"的主妇，夏松云像大姐姐一样照顾着这两位单身的小弟弟。周恩来没有忘记那段岁月。

宴会结束的时候，周恩来对包惠僧说："你留一下，我还有话要跟你讲。"

送走其他客人，周恩来同包惠僧坐了下来。

"你跑到哪里去了？我找了你好久都没有找到。"周恩来的问话带有一点埋怨，但更多的是真诚。

包惠僧此时的心情是异乎寻常的复杂——有强烈的震撼，有由衷的感激，更有深深的悔恨和愧疚。他感到无地自容，他恨不得一头钻进地底。然而，老朋友的如此真诚和坦荡，使他陡然生出一种崇高感。他仿佛正仰望着一座直耸云霄的高山。他感到一种无以名状的舒畅，那郁积心中22年的苦闷衷曲一下子倾泻出来……

谈话整整进行了一个半小时。结束的时候，周恩来对包惠僧说："你一大家人，也要生活嘛！"这显然是对包惠僧那一段经历的谅解。"不过，你过去不是一个普通的共产党员，你对党要有个交代。"

没有资料记载包惠僧接着说了些什么话。不过，此前不久他写的一篇自传里的一段话，或许能够表明他此刻的心情："共产党的高级干部，从毛主席以下，多半是我少年时的伙伴。他们从艰苦中创造了新时代，我很欣慰，也很惭愧。我回到了我的老家，我精神上很感觉温暖，仍然免不了惭愧。我愿意贡献我的劳力给共产党和人民政府。"①

走出门来，已是深夜，包惠僧直觉得天高地阔，月朗气清。他真想大喊一声："我新生了！"

华北革大的老学生

坐落在颐和园旁的华北人民革命大学，来了一位57岁的老学生。

1950年1月27日，包惠僧拿着中共中央统战部的介绍信，来到华北革大报到。他被安排在政治研究院四班三组学习。

包惠僧的入学登记表上写着："由周恩来介绍统战部，由统战部介绍入校。"

在中南海的那次长谈中，周恩来就谈到了准备安排包惠僧到华北革大学习，并就此征求他的意见。

包惠僧并没有马上接受这个安排。后来，他曾经这样追述当时的情况：

"当周总理向我提出学习问题时，我很犹疑，因为我已经是57岁的人了，以我的年龄经历知识在人民政府下有不少我可以做的事，我还自信我有一套人口查记的技术知识。就算是我的一切不够为人民服务的话，一个快60岁的老头儿还能从头造就吗？我很怀疑学习对我是必要的。我把我的意思向周总理说了一遍，他又说了一些道理要我考虑，我也请他把我的意见再加考虑。……回到招待所，我又把这个问题重新考虑了一遍，还是没有想通。最后我又想到我是一个落魄了的人，周总理对我亲切诚恳的态度、照顾周到的情形，几乎要（使我）掉下泪来，我便以士为知己者死的心情，决定照周总理的意见到革大来学习。"②

①　《包惠僧自传》，1949年，存中共中央统战部。
②　包惠僧：《思想总结》（第二部分），1950年。

过了几天，政务院秘书齐燕铭约包惠僧谈话，他便把自己决心到革大学习的想法告诉了齐燕铭。

又过了几天，包惠僧接到了中央统战部安排他到华北革大学习的通知。

上革大就要过集体生活，包惠僧开始真有点不习惯。但他想："冲锋陷阵的事我也干过，这点苦头把牙关一咬也就过去了。"所以，他一切都按规定去做，什么事都不敢落后于人。果然，过了两三个星期，一切都习惯了。

教材发下来了，包惠僧一看，除了毛泽东和刘少奇的著作以外，大多数是他二十几年前看过的，甚至教过别人的，便以为这是旧戏新唱，没有什么困难。可是，一讨论发言，他便发现别人比他讲得好，自己讲得总不圆满，有时还是错误的。这时，他才感到自己离开革命时间久了，理论水平落后了，立场观点方法的问题还没解决，才感到学习的不易。学习态度端正了，效果自然就好得多了。

除了学习以外，包惠僧干其他的事也很积极。植树节那天，大家去植树，不要他去，他非要去，结果因出汗过多引起虚脱，晕倒在地头，抬到校医务室一看，是心脏病。医生要他回家休息，他说："我回家，就不能完成周总理交给我的学习任务。"

然而，正确地对待批评和自我批评，包惠僧却经过了相当一段时间才真正做到。

开始，他总认为开展批评和自我批评是为了揭发他们过去的错误，是对他们的一种折磨，但既然是学校的制度，也只得忍受，所以他抱定这样一种态度：尽量地自我批评，谨慎地批评别人，听到别人的批评哪怕是尖锐的批评，虽然心里认为是对方与自己过不去，也在表面上故作镇静。

后来，是这样一件事使他改变了态度。那是5月中旬，他的心脏病发展得不能坚持学习了，便休了一个多月学。在病中，学校的干部和同学们包括那些曾经对他提出尖锐批评的同学都无微不至地照顾他。这时，他才感到同学们批评他并不是同他过不去，而是真心帮助他进步。

心平了，气顺了，再进行起批评和自我批评来，情况就大不一样了。尤其是自我批评，就再不是那种被动的"尽量"，而是主动的无情的自我解剖了。这种自我批评的最大成果是一份长达3万言的《思想总结》。

这份《思想总结》分两部分。第一部分叙述生平经历及每一阶段的思想情况。第二部分叙述对人生、学习、政治等问题的认识。目录如下：

第一部分
一、我的家世及求学时期
二、我加入共产党的动机
三、我在共产党的工作情况及思想情况
四、我以共产党员参加国民党的工作情况和思想情况
五、从留党察看到流浪上海时的思想情况
六、投入反动政权下的工作情况及思想情况
七、我脱离反动政权来到北京的经过及思想情况

第二部分
一、我的人生观
二、我对学习的认识
三、我对政治的认识
1.我政治上的错误认识
2.我正确的认识了共产党
3.我对美英帝国主义的认识
4.我对苏联的认识
四、我在思想上解决的问题和存在的问题

这是一篇全面系统的自我剖白。包惠僧对自己前半生的思想进行了梳理，对每一阶段的错误及其根源进行了检讨，虽然有的地方失之简单，态度却是真诚的。

《我的人生观》一节可视为全篇之纲。在这一节中，包惠僧从人生观

的角度对他半个多世纪的人生历程进行了如下概括：

我出生在一个中农的家庭，从祖宗父母的传统有浓厚的保守性与自信力。就学以后，受了封建残余思想的教育，对于修身齐家治国平天下的一套道理，略有领会。加以受了宋儒义理之学的影响，常以顶天立地、继往开来自许。在童年时，余父受地方豪绅压迫，屡涉讼累，至家道中落，几至废学，乃又急于功利，发愤为强，期雪父耻。由学校到社会的荆棘途中，使我认识了国家、社会、学校、家庭，都不是我安身立命之所，我必须要打破这些黑暗的现状，才能创造光明的前途。因此，我不得不放弃保守性的家教，为圣为贤的愿望，建立起我的新的人生观，即反对封建、打破现状、趋向民主自由的人生观——我自以为是革命的人生观。

我的思想虽然是变化了，在我的认识上是只相信自己，不相信别人，只崇拜英雄，不相信群众。如在五四运动的前后，我参加了学生运动及劳动运动，我在组织群众中只能重点的同一些有领袖作用的人物团结在一起。在共产党的初期，我在共产党中相信领袖，不能团结同志。我有浓厚的主观主义、英雄主义。我以为有一个贤明的领袖，就有健全的干部，就可以组织群众，动员群众。我过分的信仰陈独秀，我只看见他的优点，看不见他的缺点。除了他以外，我在同志间对任何人都是自高自大，自以为是，所以很好的工作条件仍没把工作做好，使自己受到失败，使党的工作受到不能顺利前进的损失。这完全是个人主义的人生观害了我。这种人生观就是从个人主义出发的旧民主主义的思想。

因为个人主义的人生观占领了我的大部分的思想，所谓自由平等都是从个人利益出发的，因之就没有纯正的无产阶级革命思想，所以在一九二七年大革命失败以后，我就动摇了，从革命队伍中逃跑出来，由徘徊歧路到投入了反动政权的怀抱，当了七八年幕僚，主管户政多年，并当了两年伪人口局局长。在我当时的主观上，还以为我仅仅是不革命了，我不革命，决不妨碍别人革命，我不过是明哲保身。儒家所谓穷则独善其身，达则兼善天下，就是我当时的思想根源。对反动政权，还寄予多少幻想，以为在反动政权下还可以做一些有利于国计民生的事情。如是有学术和技术是超阶级的与革命无关的思想，我在四年伪户政司长、两年人口局长时就是这样想。如果在学术上或技术上能够有点成就，这也是人死留名、豹死留皮之一法，所以我有在反动政权下举办全国第一次人口普查的幻想。

同时，我对我的能力很自信，总以为大乱的中国，我有我的一套，我不爬上政治舞台，我想凭我的一套本领混饭吃，北走胡南走越，无往不利，横竖中国的事，总是要中国人去做，不患无位患所以立，只要无愧我的心，又何必管它那些什么反动与正动呢？所以我脱离了革命的共产党以后，对反革命的国民党仅仅为得铨叙办了特别登记的手续取得党证，我没有在国民党任何派系发生过组织关系。也有些朋友鼓励我要加入一派，我的答复是加入也是混饭吃，不加入也是混饭吃，横竖是打长工以自活，又何必多此一举呢？又常发表一些贤人政治的论调。我对张江陵①的十年相业与其作风颇为敬仰。我以为如果反动政权做到选贤任能信赏必罚，贤者在位能者在值，政治也会好起来，黑暗中也会发生一些光明，总以为几个人的作用可以移风易俗，变黑暗为光明。

一九四一年秋天，老友李达、邓初民路过陈家桥（内政部所在地）来看我，我请他们吃饭，在酒后耳热的时候，我们谈起卢斌（他是老共产党员，后投到中统做鲁东行署主任被军统方面枪杀）的故事，我感慨地说："他初到南京时我就劝他不要太积极了，现在的局势，革命没有我们的份，升官发财也没有我们的份，我们的唯一办法只有卖劳力以自活，好好的做人。"我是讽刺他不要干中统。我又说："国民党是没有办法，共产党也不见得有办法。我呢？既不革命又不能反革命，只有打长工到死为止。"他们对我的牢骚也很感动。

这一些矛盾的幻想，都是从反革命的路线向反动统治阶级上层爬，遇到困难就想走中间路线。这种思想就是无立场、无观点、无方法的思想，就

---

① 张江陵，即张居正（1525—1582），明政治家，湖广江陵（今属湖北）人，嘉靖进士。隆庆元年入阁，穆宗死后代为首辅，万历初年因禅宗年幼而代主国事。前后计10年，颇有政声。

包惠僧

190

是站在反动统治阶级（立场）的唯心主义的人生观。我最具体危害人民的事实就是在伪人口局长任内公布了一种法规，即《绥靖区户口清查实施办法》，是完全以防共为目的，虽然在腐朽的政权下没有发生什么作用，而法意是反共反人民是毫无疑义的。这证明在反动政权下服务不可能不危害人民。

历史是发展的，黑暗是要到光明的，到了去年反动政权毕竟是崩溃了。我脱离了伪户政司长后避居澳门准备靠拢人民，回我的老家——共产党。我与我的廿多年前的老伙伴联系上了，他们有电报欢迎我北来。我带着欣慰与惭愧的心情，于去年十一月廿九日到了北京，与董副总理、周总理见了面，并作长谈。周总理对我的态度同廿多年前是一样，很诚恳的、很周到的对我提了应该学习的意见，我接受了，不久就进了革大。半年以上的学习，把我廿多年的错误思想都揭发出来，从历史唯物主义认识了社会发展的规律，用马列主义的科学方法批判了过去的一切错误思想，建立了新的立场、新的观点、新的方法，初步地认识了批评和自我批评的武器。我自信我的历史唯物主义与辩证唯物主义的人生观（已）初步建立起来，全心全意为人民服务的人生观初步的打下了基础。而今后我只有一边倒的站在共产党方面、站在人民方面、站在苏联方面与帝国主义、封建主义、官僚资本主义作殊死战。历史上的教训，再也不容许我有任何不革命、反革命的思想了。

对于包惠僧来说，经过短短半年多时间的学习，能够达到这样的认识水平，确实是一个不小的进步。

在新的一年即将来临的时候，包惠僧领到了一张盖有华北人民革命大学大红印章的毕业证书：

毕业证书　　　　　　　　　　　　**研字第 0042 号**

学生包惠僧现年五十七岁，系湖北省黄冈县人。在本校政治研究院第二期第四班修业期满，准予毕业。此证。

校　长　刘澜涛

教育长　侯维煜

一九五〇年十二月

车窗外几支红梅，心腑中一片春意，包惠僧恋恋不舍地离开了革大校园。

就在车过校门的那一刹那，包惠僧的脑际突然生出一个意象：一个久染沉疴的病人，住在医院经过好长一段时间治疗，终于病愈出院……

栖梧老人

1957 年 7 月 1 日，是中国共产党的 36 岁生日。中共一大的开幕日期是 1921 年 7 月 23 日，可这是 80 年代初才根据档案材料查证清楚的。抗日战争时期，因为这个日期无法查清，中共中央便把七月的第一天定为党的诞生纪念日。

显然是为了纪念中共诞辰 36 周年，这天出版的《新观察》杂志发表了一篇题为《中国共产党成立前后的见闻》的文章。

这篇文章立即引起了海外的关注。因为这篇文章是以亲历者的口吻叙述中共诞生的过程，外国的中共党史专家们都把它当作研究中共一大的重要新文献。

然而，一考究文章的作者，他们又堕入了五里雾中。文章署名"栖梧老人"——这显然不是作者的真实姓名。

那么，"栖梧老人"究竟是谁呢？

三位海外研究中共党史的专家不约而同地作出判断："栖梧老人"就是包惠僧。这个结论是他们对"栖梧老人"这一年写的四篇文章和一本书进行互相参照考证出来的。

不错，"栖梧老人"就是包惠僧！

包惠僧从华北革大毕业以后，就被安排在内务部工作，先当研究员，后任参事。

然而，这时他除了学习以外，什么事都不敢做，因为参加工作以后他那种"行年五十而知四十九年之非"的自卑感越来越强烈。

谢觉哉部长经常鼓励他写点社会观感、人口问题之类的文章，其他领导同志也鼓励他写有关革命历史的故事，他也一直不敢动笔。

1953 年 8 月 10 日，正在西四羊市大街 48 号自己家里休假的包惠僧，接待了两位来自中共中央宣传部党史资料室的客人——李蓝天、杜民。他们告诉包惠僧，毛泽东要他去看看上海革命纪念馆的模型。他们还请包惠僧写点有关中共一大的材料。李蓝天说，一大材料搜集得很少，只有李达写过一点，也很简短。

包惠僧非常激动。他感到这是一个光荣的任务，当然义不容辞，但事隔 30 多年，完全靠记忆又很难写出当时的全部活动。他给客人谈了点大概情况，李蓝天希望他从一大、中国劳动组合书记部、北京区委三个方面去回忆，组织材料。

上海革命纪念馆的模型，包惠僧去看了两次。这个模型是根据不久前找到的一大会址原样制作的。因为模型太小，年代又太久，包惠僧不好说出完全肯定或否定的意见。

回来以后，他便考虑写一大材料的问题。10 天以后，一篇万余言的《共产党第一次全国代表大会前后的回忆》（一）告竣。又过了一个月，《共产党第一次全国代表大会前后的回忆》（二）完成，全文 9000 多字。

上海把一大会址模型送到北京，是请中央审定。因为模型太小，看不清楚，毛泽东又要包惠僧到上海去看一看。

1954 年 3 月中旬，包惠僧同李书城的夫人薛文淑一起到了上海。作为当年望志路 106 号（今兴业路 76 号）的女主人，薛文淑认定了这座房子，也对房里的陈设提出了修改意见。包惠僧则在看过以后，回到他下榻的上海大厦 11 楼 7 号，认认真真地写下了一份《勘察上海革命历史博物馆的几点意见和回忆》，后来又写了两份补充意见。包惠僧不仅肯定了一大会址，对老渔阳里 2 号和博文女校等几处旧址进行了鉴定，而且对复原布展工作提出了建议。

包惠僧先后写成的这几份材料虽然没公开发表，却也通过各种渠道渐渐为人所知，那些消息灵通的报刊杂志出版社的编辑们便纷纷上门，请他写有关党的历史的文章。

1957年春，《新观察》发表了包惠僧的一篇回忆二七大罢工的文章。这是他新中国成立以后公开发表的第一篇文章。

在这篇文章署名的时候，包惠僧很费了一番脑筋。他觉得署真名不好，署过去用过的哪一个名字都不好，想来想去，最后写下"栖梧老人"四个字。

"老人"两个字好理解，此时包惠僧已经64岁了。至于"栖梧"两字的含义，他的夫人谢缙云曾作过这样的解释："包先生从澳门回到祖国大陆，觉得新中国如同一棵茂盛的梧桐，而他只是飞来栖息其间的一只小鸟。这笔名也反映出他的自卑心理。"[1]谢缙云这时也是内务部的干部，她是1953年3月5日斯大林逝世的那一天参加工作的。

依笔者拙见，这"栖梧"二字似尚有另一层含义。"栖梧"典出《庄子·秋水》："夫鹓鶵发于南海而飞于北海，非梧桐不止，非练实不食，非醴泉不饮。"这鹓鶵就是凤凰。栖梧者，凤凰也。凤凰乃众禽中之非凡者，包惠僧以凤凰自喻，可见他此时的心态已不仅仅是自卑了。

包惠僧很喜欢这个笔名，后来不仅发表文章著作用，给别人写信也用它署名，简直把它当作别号了。

这篇回忆二七大罢工的文章发表以后，几家出版社都来找包惠僧，约他写回忆二七大罢工的长篇故事。工人出版社捷足先登，包惠僧应约写了一本题名《"二七"回忆录》的小册子。湖北人民出版社接踵而至，为应家乡编辑"远道下顾之盛意"，包惠僧只好答应再撰一部回忆大革命时代的书稿。

就在这时，包惠僧被调到国务院参事室。4月27日，包惠僧被正式任

---

[1] 叶永烈：《红色的起点》，上海人民出版社1991年版，第370页。

命为国务院参事。任命书是周恩来签署的。

周恩来经常关心着包惠僧，不但在政治上、工作上，而且在生活上。包惠僧这时已有十几个孩子，尽管他工资不低，谢缙云和几个大孩子也参加了工作，但毕竟家大口阔，入难敷出。所以，每到春节前夕，周恩来便指示给包惠僧生活补助。根据谢缙云回忆，头一次就补助了400元。

也就在这个时候，整风运动开始，包惠僧在国务院党外人士鸣放座谈会上，说了一些话。反右派斗争以后，人们发现他沉默了。

开始，同事们还以为包惠僧是对反右派斗争想不通。后来，当那本署名"栖梧老人"的《"二七"回忆录》出现在各大新华书店的时候，大家才明白事情的原委。

这部回忆录记述了中国共产党领导的早期工人运动，特别是二七大罢工的重要史实，歌颂了林祥谦、施洋等革命先烈的斗争精神，受到了人们的欢迎。

《"二七"回忆录》写成不久，中国青年艺术剧院就将它改编成话剧《红色风暴》。话剧排练出来以后，周恩来亲自前往审看，包惠僧也应邀参加。在接见演员时，周恩来与包惠僧进行了热烈的交谈，并一起合影留念。

9月份，包惠僧又开始撰写他的第二部回忆录——《回忆大革命时代》。11月中旬，因为高血压病倒了，不得不中断写作。到第二年1月，病情稍有好转，又继续写作，一直到6月16日脱稿，总计18万字。

包惠僧在大革命时期亲身经历和目睹了国民党改组、黄埔建军、平定商团叛乱、两次东征、廖仲恺被刺、中山舰事件、夏斗寅叛变、马日事变等重要历史事件，与中共负责人周恩来、陈延年等人，国民党左派廖仲恺、邓演达等人，以及诸如蒋介石、汪精卫、戴季陶、夏斗寅等各色人物都接触频繁。这就为他撰写这部长篇回忆录提供了极为丰富的材料。

《回忆大革命时代》涉及的重要人物达350人以上。它通过具体的人物事件，反映了中国共产党对大革命所作的卓越贡献，歌颂了以毛泽东、周恩来等为代表的共产党人的丰功伟绩和崇高品德，批判了陈独秀右倾机会主义错误，鞭挞了以蒋介石和汪精卫为代表的国民党右派排挤打击共产党人和国民党左派，直至发动反革命政变的罪恶行径，从一个侧面具体反映了第一次国共合作和大革命时期的伟大斗争。

然而，由于种种原因，这部书稿未能在包惠僧生前出版。尽管如此，他仍然搜肠刮肚地寻觅着，呕心沥血地笔耕着。他要把他亲历亲见的一切变成文字，留给后人。

在这种辛勤的笔耕中，包惠僧感到了一种自我价值实现的满足。正是这种愉悦的心情，促使他又一次提出了要求恢复党籍的申请。

7年前在华北革大，包惠僧就提过一次这样的申请。在那份《思想总结》的第二部分中，他记述了这件事的经过：

"我到学校不久的时候，我看了刘少奇在中国共产党党章（三）关于党员一节论到老党员重新加入党或请求恢复党籍的说明。我就很冒昧的向班委会声（申）请恢复我的党籍。当时我的思想是既然回到党的领导下全心全意为人民服务，就不应该孤立在党以外，这是与我初到北京时仅仅想在共产党领导下做一个无党无派的技术人员的思想是有发展的。后来在学习中检讨了我过去的一切错误，我便觉得自惭形秽，深悔提请恢复党籍是太冒昧了。加以我最近有严重的心脏病，风烛残年又何必多此一举呢？我曾经向洪伟同志表示撤回以前的声（申）请书。不过如果我的病有转机不至于马上就死，以我的精神体力还可以在党的领导下工作十年至廿年。在这长的岁月当中，孤立在党外工作不如加入在党内工作为有效。因此，我对我的党籍还认为是一个尚待解决的问题。"

7年来，包惠僧经常想着这件事，他认为现在是时候了。可当他提出申请的时候，人家却说："这么大年纪还入什么党？光开会你都受不了！"从此，他再没有提过这件事。

在中国当代史上，1966年是一个特殊的年份。就在邢台地震发生不久，一场史无前例的"文化大革命"爆发了。

在"造反有理"的大旗下，北京的大中学校学生一夜之间变成了"红卫兵"，到处砸古董，破"四旧"。包惠僧虽然也同当时大多数中国人一样，对这场运动很不理解，却也认为这是毛主席亲自发动的，不理解也在努力紧跟。

包惠僧上学的女儿也回家"革命"了，她在父亲的书柜里翻出了一本《陈仲甫先生遗墨》。这是包惠僧保存下来的陈独秀写给他的书信，总共 100 多封，他亲自整理装裱成册，并写了前言。女儿一听是陈独秀写的东西，就要烧掉，父亲当然不能反对女儿的"革命"行动。忍着揪心的痛楚，包惠僧眼睁睁地看着这部珍贵的遗墨化为了灰烬！据专家们事后分析，这 100 多封信的政治价值、史料价值姑且不论，仅从经济上讲，烧掉它就不止烧掉 100 万美元，因为陈独秀的墨宝传世不多，在国际市场上有极高的价值。

就在这件事发生不久，包惠僧到了武汉。行前，他给家乡的侄儿包楚豪、外甥熊汉坤和他的儿子熊渭川等人分别写了信。他在 5 月 5 日写给汉坤父子的信中说："我因公南来，准备到武汉参观访问，后便道回老家省视，可能于五月底下月初可以回到老家。……我大概可在老家住一星期左右，想见见老亲友。……我已是七十三岁的老人，衰老了。很想念亲人，此次南来怕是最后的一次……"

包惠僧回到了阔别 19 年的家乡。他在社庙湾里徘徊，他在玉带河边独步，他在父母和兄嫂的墓前久久伫立……

6 月 23 日，回到北京的包惠僧给汉坤父子写了一封信。他在信中说："我这次回故乡见到你们父子及很多亲人我很高兴，是否能再回来同你们团聚就很难预料！"他嘱汉坤对他父母和兄嫂的坟墓"多加照顾"，"先将坟前后培点土，栽两颗（棵）树，拜台修理一下，"紧接着这段话的是"至要至要"四个大字。

汉坤的儿子渭川是一个很用功的孩子，这时正念初中。过去他给包惠僧写过不少信，包惠僧很喜欢他。这次回乡，包惠僧却听说他在读熊十力的《新唯识论》，便颇为忧虑。渭川是熊十力的同族后裔，对先人著述的涉猎或许是出于敬仰和好奇，包惠僧却认为不可小视。

他在这封信中对渭川说："听说你读熊老先生的唯识论，如果真的你就错了。这本书是唯心主义的书，是过时的，有害的，不能读。等你读哲学时，我寄给一本辩证唯物主义与历史唯物主义。这本书是马列主义的经典著作，将来必须读。"

对熊十力这位当年他佩服得五体投地的"黄冈四杰"之一，现在也有些不敬了。

后来，渭川经常给包惠僧写信，包惠僧几乎是每信必复。信中除叙家事外，多谈读书、做人、立业之道。

在包惠僧从故乡返回北京的时候，北京的形势发生了巨大的变化，国务院宿舍大院的火药味也越来越浓了。

不久，包惠僧住的那个单元进口处，出现了一条大标语："造包惠僧的反！"紧接着，参事室的造反派们便光临抄家。几天以后，又来了一群清华大学的红卫兵，抄完家才知道他们找的是鲍慧生，"假老包"带连"真老包"遭了一次冤枉罪。

8月的一个星期天，包惠僧在宿舍大院挨了第一次批斗，谢缙云也被拉去陪斗。开始包惠僧坐着，一个司机要他站起来，拿走凳子，说："大叛徒怎么能坐？"

没有几天，宿舍办公室的一位科长通知谢缙云，勒令他们三天内把家搬出大院，否则后果自负。包惠僧立即给周恩来写了一封信，信封上还写了"十万火急"几个字。谢缙云带着8岁的小女儿曼秋把信送到中南海新华门的警卫战士手中。第三天，谢缙云到参事室要车搬家，人家却说不知道这事。她又到宿舍办公室找那位科长，对方说："那是群众……"

这段时间，包惠僧的心脏病又严重了，心肌梗塞好几次。原来上班有车接送，现在没有了，只得挤公共汽车。公共汽车上要唱革命歌曲，他不会唱，气得不想坐了。谢缙云说："你就张张嘴嘛，谁看谁啊！"

一天中午，谢缙云下班回来，只见包惠僧躺在床上，脸色铁青，就问："怎么了？""今天被他们打了，拐杖头都打掉了。我长这么大，还从来没有挨过打哩！"原来，机关里又开了他的批斗会。

包惠僧病倒了。开始他只以为是心脏病复发，后来觉得腹部多了个东西。他跟妻子说："我肚子里有个乌龟，老动。"

后来到医院一检查，是腹主动脉瘤，直径11厘米。医生说："只要好好保养，没事。"

1976年1月8日，苍天垂泪，江海呜咽，一代伟人周恩来离开了人间。噩耗传来，包惠僧一下昏倒在地，卧病20余日。

1977年，二子楚光去世。1978年，十一女小林夭亡。耄耋之岁连丧两子，包惠僧的精神和身体都到了崩溃的边缘。

1978年12月，中共十一届三中全会在北京举行。浩荡的春风又一次吹绿了神州大地。

随着全党工作重点从以阶级斗争为纲向以经济建设为中心转移，正本清源、拨乱反正成效显著，中共党史资料征集研究又一次提上议事日程。

包惠僧的家突然热闹起来了，整日里门庭若市，来访的全国各地党史工作者络绎不绝。84岁高龄的老翁又一次焕发出青春。

这时，包惠僧除心脏病、血管瘤日益恶化外，白内障也到了十分严重的程度。他知道自己时间不多了，每天除接待川流不息的来访者外，还拼命地撰写回忆文章。因为腹部疼痛，视力极差，他就把写字台搬到窗口，斜靠在那张坐了多年的沙发椅扶手上，腹部抵着写字台角，写下了几十万字的文稿。

紧张的工作，竟使包惠僧忘掉了病痛。1979年4月23日，他在写给侄儿楚豪的信中说：我虽病老，健康状况尚好。北京以及全国，正在进行党史研究高潮。建党老人，所存无几，仅存我与刘仁静两人。我接见着大学党史专家频繁，也写了几十万字的史料。我当然是尽其力之所能及。

这几十万字的文稿中，有《回忆李大钊》《我所知道的陈独秀》《董必武在党的"一大"》《回忆陈潭秋》《回忆建党初期武汉劳动运动与项英烈士》《邓中夏烈士的事迹拾遗》《回忆陈延年烈士》《回忆张太雷烈士》《回忆马林》等。《回忆马林》写于 1979 年 6 月，离他逝世不到一个月。

1979 年 7 月 2 日早上，包惠僧一起床就觉得不舒服，谢缙云要他去看病，他不去，就给他拿了点药。中午吃饭，他也没端碗。下午，邀邻居来家打扑克，精神也还好。晚饭没吃，就睡了，睡了一会儿，起来看电视，是电视剧《伽利略》，他觉得不好看。小儿子楚燕说："爸爸，我们陪你打牌。"楚燕和谢缙云陪他打到 9 点多钟，谢缙云要他吃饭，他不吃。一会儿，又说"不好"，谢缙云便和楚燕把他扶上床休息，不料一倒下去，脸色即刻变得煞白。谢缙云立即打电话到北京医院，可打了 8 次，医生也没来。包惠僧难受得在床上翻来覆去。10 点 1 刻，他对谢缙云说："缙云，我对不起你……"谢缙云说："你不要讲这些，医生来了就好了。"谢缙云说完，就发现包惠僧没气了。10 点半钟，医生赶到，尽管又是打针，又是做人工呼吸，可包惠僧再也没有醒来。

就这样，包惠僧走完了自己 85 年的人生里程！

尾 声

定 论

包惠僧是幸运的。在他逝世 20 天后，国务院参事室就为他举行了追悼会。

1979 年 7 月 22 日下午 4 时，北京八宝山革命公墓礼堂庄严肃穆，包惠僧笑容可掬的遗像悬挂在正面墙上。沉痛的哀乐过后，参事室党组书记朱毅宣布追悼会开始，参事室主任刘岱致悼词。

细心的读者不难发现，包惠僧的追悼会准备了 20 天。一般来说，追悼会的准备工作主要是拟定悼词。可见，这篇悼词的拟定之难。

然而，毕竟拟定了。

3 年以后，由人民出版社出版的《包惠僧回忆录》问世。这本书总计 32.8 万字，是从他近百万字遗稿中提炼出来的精华，主体分"回忆中共第一次全国代表会议""二七回忆录""回忆大革命时代""人物回忆"四部分。

"包惠僧青年时期当过记者，后来又搞过多年政治工作和文学工作，他善于观察问题和描写事件和人物，加之他的经历丰富，博学强记（直到去世那天，头脑都十分清楚），因此，《包惠僧回忆录》具有内容充实、形象生动、故事性强、文字通俗流畅和语言活泼等特点。它既是一本有价值的现代史参考书，同时又适于青年阅读，对青年一代了解我国 20 年代历史，具有一定的认识意义和教育意义。当然，他写回忆录完全是根据自己的记忆撰写的，在叙述历史事件和评价众多的历史人物时，也难免会有不尽确当甚至错误之处，这是我们应当注意到的。"一篇评介文章如是说。

考虑到包惠僧本身也是中国近现代史上一位起过历史作用的历史人物，也为了帮助读者对包惠僧及他的回忆录进行了解，编者还在书中收入了他的自传，收入了他逝世后组织上写的悼词（摘录）。

悼词（摘录）如下：

包惠僧同志因病于一九七九年七月二日二十三时在北京逝世，终年八十五岁。

包惠僧同志，湖北省黄冈县人，一九一九年北京大学文学系肄业。

一九二○年在武昌组织共产党临时支部，一九二一年参加了中国共产党第一次全国代表大会；一九二二年至一九二三年任中国劳动组合书记部长江支部主任，中共北京区委员会委员兼秘书，中共武汉区委员会委员长；一九二四年第一次国共合作时期，以中共党员身份加入国民党，曾任黄埔军校政治部主任等职；大革命失败后，脱离了党的组织关系；一九四九年十一月毅然从澳门回到北京，一九五○年入华北人民革命大学政治研究院学习，后任内务部研究员、内务部参事，从一九五七年四月起任国务院参事。

包惠僧回到北京以后，三十年来，在社会主义革命和建设中，积极参加各项工作和政治活动，为社会主义事业贡献了自己的力量。他遵照周总理的指示，孜孜不倦地撰写我党"一大"的回忆文章，撰写他亲身经历的我党成立初期和第一次国内革命战争时期的党史资料，他撰写了老一辈无产阶级革命家和革命先烈的回忆录，还撰写了《二七工潮始末》工人运动史资料等近百万字。特别是近年来，他不顾身患重病，频繁地同中国革命博物馆等单位的同志及外地来访的同志接谈，积极向他们提供有关革命历史情况，这种精神是很可贵的。他尊敬伟大领袖毛主席、敬爱的周恩来总理、朱德委员长等老一辈无产阶级革命家，热爱社会主义祖国，拥护中国共产党和党的路线、方针、政策，努力学习马列主义、毛泽东思想，认真改造世界观。文化大革命中，对包惠僧同志的一切污蔑不实之词，应当推倒，恢复名誉。

《晋书·刘毅传》云："丈夫盖棺事方定。"后人据此演成"盖棺论定"的成语。

在当代中国，有一段时间，一个国家公职人员身后组织上给他的悼词，便被视为对这个人的定论。

有争议的包惠僧在盖棺以后，也有了一个定论。

历史被时光的逝水冲刷着，有的变得模糊，有的变得清晰。

模糊的是现象，清晰的是本质……

主要参考书目

1.《包惠僧回忆录》，人民出版社 1983 年 6 月第 1 版。

2. 中共中央党史研究室 :《中国共产党历史》上卷，人民出版社 1991 年 7 月第 1 版。

3. 中共中央党史研究室 :《中国共产党历史大事记》（1919.5—1987.12），人民出版社 1989 年 6 月第 1 版。

4. 李新、陈铁健主编 :《伟大的开端》，中国社会科学出版社 1983 年 3 月第 1 版。

5. 中共中央党史资料征集委员会编 :《共产主义小组》（上、下），中共党史资料出版社 1987 年 9 月第 1 版。

6. 李新主编 :《国民革命的兴起》，上海人民出版社 1991 年 6 月第 1 版。

7. 中共中央文献研究室 :《周恩来传》（1898—1949），人民出版社、中央文献出版社 1989 年 2 月第 1 版。

8. 中共湖北省委党史资料征集编研委员会 :《中国共产党湖北历史大事记》（1919.5—1949.10），湖北人民出版社 1992 年 11 月第 1 版。

9. 秦英君、张占斌主编 :《大浪淘沙——中共"一大"人物传》，红旗出版社 1991 年 6 月第 1 版。

10. 叶永烈 :《红色的起点——中国共产党诞生纪实》，上海人民出版社 1991 年 1 月第 1 版。

11. 任建树、唐宝林 :《陈独秀传》(上、下)，上海人民出版社 1989 年 9 月第 1 版。

12. 胡传章 :《董必武传记》，湖北人民出版社 1985 年 10 月第 1 版。

13. 陈乃宣、胡云秋等 :《陈潭秋传记》，湖北人民出版社 1991 年 4 月第 1 版。

14. 宋镜明 :《李达传记》，湖北人民出版社 1986 年 4 月第 1 版。

15. 田子渝 :《恽代英传记》，湖北人民出版社 1984 年 10 月第 1 版。

16. 张国焘 :《我的回忆》，东方出版社 1991 年 12 月第 1 版。

17. 李理、夏潮 :《汪精卫评传》，武汉出版社 1988 年 4 月第 1 版。

18. 王维礼主编 :《蒋介石的文臣武将》，河南人民出版社 1989 年 2 月第 1 版。

19. 刘继增、张葆华主编 :《中国国民党名人录》，湖北人民出版社 1991 年 9 月第 1 版。

20. 黄冈县志编纂委员会 :《黄冈县志》，武汉大学出版社 1990 年 11 月第 1 版。

后　记

　　1996年，正当我具体主持编撰的《中国共产党湖北历史》（1919.5—1949.10）初稿完成的时候，接到"中共一大代表丛书"主编约请，要我撰写《包惠僧》一书。本书传主是中共历史上一位比较特殊的人物，有关研究成果甚少。我这时也只对其与中共湖北历史相关的史料有所研究，其他事迹鲜有涉猎。撰写这本书的难度之大，可想而知。但是，作为一名党史研究人员特别是湖北党史工作者，我不能推辞。于是，我立即向所在单位——湖北省委党史研究室领导同志汇报，得到了单位领导的大力支持。此后，我便集中全力查访史料、撰写书稿。

　　首先，我从单位资料室借来《包惠僧回忆录》，仔细研读。接着赶赴北京，在中共中央统战部和国务院参事室查阅抄写包惠僧档案及其他有关资料，访问包惠僧夫人谢缙云同志。后来，又来到包惠僧的家乡黄冈县包家畈，访问包惠僧的亲友包楚豪、熊谓川、包东成等同志。在查访史料的过程中，得到了中央统战部、国务院参事室和黄州市委党史办公室、团风县委党史办公室、上巴河镇党委等单位的领导和同志们大力支持。在搜集到当时能搜集到的所有资料后，我便夜以继日，埋头撰稿，于1997年1月30日晚6时30分，打上最后一个标点。

　　1997年12月《包惠僧》作为"中共一大代表丛书"之一由河北人民出版社出版以后，我又先后发表论文《包惠僧一大代表资格考》《包惠僧晚年著述简论》和纪实文学《包惠僧与陈独秀》，并应中共党史人物研究会之邀撰写短篇传记《包惠僧》编入《中共党史人物传》第 67 卷由中央文献出版社出版，应武汉市政协之邀撰写《包惠僧在武汉》编入《为了新中国诞生——政治名人的武汉足迹》由武汉出版社出版。

　　中国共产党已走过百年奋斗历程。如今，得到中共党史出版社将再版此书的消息，甚感欣慰。因为《包惠僧》初版以后，迄今未发现新的史料，所以这次再版未作修改。在此，谨向所有为本书撰写提供帮助的单位和个人再次表示诚挚谢意！同时，希望识者方家和广大读者批评指正，不吝赐教！

作　者

2024 年 1 月

后记